Maletzke · Kulturverfall durch Fernsehen?

Gegen eine Dummheit, die gerade in Mode ist,
kommt keine Klugheit auf.

Theodor Fontane

Gerhard Maletzke

Kulturverfall durch Fernsehen?

Volker Spiess · Berlin

Druck: Color-Druck G. Baucke, Berlin
ISBN 3-89166-051-0

Inhaltsverzeichnis

1. Anlaß und Ziele

Mit unserer Gesellschaft geht es bergab. Wir leben in einer Krise wie nie zuvor. Die Kultur verfällt. Schuld ist das Fernsehen.

Wer diese pessimistische Sicht geschickt zu präsentieren weiß, kann des Erfolgs sicher sein. Drei Beispiele nenne ich, die für viele stehen: Marie Winn: *Die Droge im Wohnzimmer;* Jerry Mander: *Schafft das Fernsehen ab;* Neil Postmann mit seinem Bestseller *Wir amüsieren uns zu Tode* (1). Allesamt Publikationen auf eher populärwissenschaftlicher Ebene. Damit soll bereits gesagt sein, daß ich nicht die Absicht habe, mich mit der auf einer ganz anderen Ebene angesiedelten Kulturkritik etwa eines Adorno oder Habermas auseinanderzusetzen. Hier geht es nur um jene Autoren, die von vornherein mit ihrer Polemik gegen das Fernsehen breite Kreise anzusprechen suchen. Diese Autoren nenne ich „Kulturkritiker“ (manchmal auch kurz „Kritiker“). Das ist zwar vielleicht nicht ganz präzise, aber zweckmäßig, wenn ich nicht ständig mit schwerfälligen Umschreibungen operieren will.

Kulturkritisch-pessimistische, eingängig geschriebene Literatur, die das Fernsehen als Ursache allen Übels darstellt, findet – wie gesagt – eine stattliche Leserschaft. Offensichtlich sprechen die Autoren vielen Menschen aus der Seele, sie artikulieren das, was vage schon bereit lag und nur darauf wartete, geweckt zu werden. Bei Bucherfolgen stellt das Publikum gleichsam den Resonanzboden dar, der in Schwingungen gerät, sobald der richtige Ton auftrifft. Mit anderen Worten: Die pessimistische, gegen das Fernsehen gerichtete Sichtweise ist auch weitgehend die der Leser. Es handelt sich hier also um ein Zeitphänomen, und das allein ist schon Grund genug, die Aussagen dieser Kritiker kritisch unter die Lupe zu nehmen.

Diese Aussagen bestehen zum großen Teil aus Thesen, aus Behauptungen, die – wenn überhaupt – nur unzulänglich begründet und belegt werden. Anscheinend vertrauen die Autoren darauf, daß ihre Thesen vom aufnahmewilligen Publikum widerstandslos akzeptiert werden. Der unvoreingenommene, genauer hinschauende Beobachter freilich ist dazu nicht bereit. Er prüft sorgsam, meldet Zweifel an, stellt Fragen. Er kann und will es nicht unbesehen hinnehmen, wenn das Fernsehen mit fragwürdigen Behauptungen zum Sündenbock für alles gemacht wird, was heute in unserer Gesellschaft als schlimm gilt.

Damit ist das Ziel der folgenden Überlegungen umrissen: Hier soll geprüft werden, wieweit die Thesen der Kulturkritiker stichhaltig sind.

Ich benutze das Wort „Überlegungen" mit Bedacht: Ich beabsichtige nicht, eine wissenschaftliche Abhandlung vorzulegen. Es handelt sich hier vielmehr um einen argumentativen Diskurs ohne Anspruch auf Systematik und Vollständigkeit. Es geht mir nicht darum, etwas zu beweisen, sondern darum, Behauptungen, die wie gesicherte Tatsachen dastehen, zu durchleuchten. Diese Selbstbeschränkung schließt natürlich nicht aus, daß ich – wo immer es angebracht erscheint – auf wissenschaftliche Forschungsergebnisse zurückgreife.

Freilich, vieles von dem, das auf diesen Blättern zu sagen ist, ist nicht neu. Die Diskussion über die Schäden, die das Fernsehen möglicherweise anrichtet, ist so alt wie das Fernsehen selbst. Die meisten Teilprobleme, die von den heutigen Kulturkritikern angesprochen werden, waren bereits in den fünfziger und sechziger Jahren Gegenstand lebhafter Auseinandersetzungen. Dann beruhigte sich die Diskussion etwas. Das Fernsehen sank zu einer Alltagserscheinung ab. In jüngster Zeit lebt das Interesse wieder auf, vermutlich im Zusammenhang mit den Diskussionen über die sogenannten Neuen Medien und die damit verbundene Programmvermehrung. Erstaunlich und manchmal frustrierend ist die Tatsache, daß nun viele der alten Thesen und Schlagworte wieder aufgetischt werden, so als seien sie brandneu. Gerade deshalb aber ist es notwendig, sich noch einmal mit ihnen zu beschäftigen, auch wenn vieles dazu längst gesagt ist.

Noch eine letzte, aber wichtige Vorbemerkung, notwendig, um Mißverständnissen vorzubeugen und Fehlinterpretationen zu begegnen: Auf keinen Fall will ich hier die Gefahren, die mit dem Fernsehen verbunden sind, verharmlosen oder gar leugnen. Das Fernsehen gilt – sicher zu Recht – als das wirksamste aller Massenmedien, zum einen, weil es audiovisuell vermittelt, zum anderen, weil es in so großem Ausmaß genutzt wird. Und seine Inhalte wie auch seine Präsentationsweise geben gewiß vielfach Anlaß zu Besorgnis. Das bleibt hier unbestritten. Ich bin nur nicht willens, ohne weiteres alles zu akzeptieren, was über die üblen Folgen des Fernsehens behauptet wird. Und ich will zeigen, wie wenig es gerechtfertigt ist, das Fernsehen zum Sündenbock für alles zu machen, was uns heute mißfällt.

2. Behauptungen über das Fernsehen und seine Wirkungen

Aus der großen Zahl kulturkritisch-pessimistischer Thesen greife ich zwanzig heraus, die mir am wichtigsten erscheinen und die auch in der Literatur am häufigsten vorkommen.

Wir befinden uns in einer Krise größten Ausmaßes

Umbruch, Krise, Revolution – das sind, wie viele meinen, die Kennzeichen unserer Zeit. Jedoch sollten wir uns darauf besinnen, daß das Schlagwort von der „Krise" nicht neu ist. Mindestens seit dem Beginn unseres Jahrhunderts haben Intellektuelle und Bildungsbürger immer wieder die Ansicht vertreten, das „Abendland" stecke in einer Krise. Das Wort „Krise" bedeutet aber eigentlich den Wendepunkt im Ablauf eines Prozesses. Eine ständige Krise wäre demnach ein Widerspruch in sich. Es ist absurd, daß ein Jahrhundert aus kontinuierlichen Wendepunkten bestehen soll. Gewiß, es hat Wendepunkte gegeben, nach denen vieles anders war als zuvor. Und auch heute vollziehen sich Veränderungen, rasche, dramatische, tiefgehende. Die Frage ist nur, ob es sinnvoll und angemessen ist, immer gleich von Krise zu sprechen, noch dazu von einer „nie dagewesenen". Gelegentlich können wir uns des Eindrucks nicht erwehren, daß sich mancher Zeitgenosse im Krisenbewußtsein sonnt. Im übrigen dürfte es schwierig sein, anhand objektiver Kriterien zu bestimmen, wann eine Krise beginnt und wann sie endet. Wir sollten also mit derartigen Begriffen, die etwas Außergewöhnliches bezeichnen, vorsichtigumgehen.

Früher war alles besser

Man wird die Behauptung, früher sei alles besser gewesen, nur selten so direkt ausgesprochen finden; sie steckt aber implizit in zahllosen Aussagen über unsere Zeit. Was anderes bedeutet es denn, wenn von „Niedergang", „Verlust", „Verfall", „Schwinden" die Rede ist, als daß es eben zuvor besser war? Diese Ansicht ist der Ausgangs- und Angelpunkt jeder pessimistischen Kulturkritik.

Die subjektive Vergoldung der Vergangenheit ist ein bekanntes Phänomen, und zudem ein uraltes:

> „Die Jugend liebt heutzutage den Luxus. Sie hat schlechte Manieren, verachtet die Autorität, hat keinen Respekt vor den älteren Leuten und schwatzt, wo sie arbeiten sollte. Die jungen Leute stehen nicht mehr auf, wenn ältere das Zimmer betreten. Sie widersprechen ihren Eltern, schwadronieren in der Gesellschaft, verschlingen bei Tisch die Süßspeisen, legen die Beine übereinander und tyrannisieren ihre Lehrer."

> „Ich habe überhaupt keine Hoffnung mehr in die Zukunft unseres Landes, wenn einmal unsere heutige Jugend die Männer von morgen stellt. Unsere Jugend ist unerträglich, unverantwortlich und entsetzlich anzusehen."

Diese Aussprüche klingen zwar hochmodern, sie sind aber weit über zweitausend Jahre alt: Das erste Zitat stammt von Sokrates, das zweite von Aristoteles. Das heißt: Wenn uns Begriffe wie „Verfall", „Verlust", „Niedergang" begegnen, sollten wir sie nicht einfach hinnehmen, sondern Fragen wie diese stellen: Wie steht es eigentlich mit früher und heute? Was hat sich verändert? Und schließlich: Sind die fraglichen Sachverhalte heute tatsächlich „schlechter" als vormals? Welche Kriterien, welche Wertvorstellungen berechtigen dazu, zu behaupten, früher sei das „besser" gewesen? Sind die Wertvorstellungen, die zu solchen Urteilen führen, nicht auch selber zeit- und kulturbedingt, also bis zu einem gewissen Grade relativ? Wer freilich seine eigenen Wertorientierungen für die einzig wahren und richtigen hält, wird solche Zweifel nicht gelten lassen. Mit ihm wird man somit viele der Fragen, die uns hier beschäftigen, gar nicht diskutieren können.

Unsere Kultur verfällt

Postman behauptet:

> „Das Absterben der Kultur wird zur realen Bedrohung" (2).

Nun ist freilich die These vom Kulturverfall nicht neu. Bereits in den zwanziger Jahren erschien Spenglers Buch „Der Untergang des Abendlandes". Der gewaltige Erfolg dieses Werkes weist darauf hin, daß schon damals viele Menschen auf „Untergang" der Kultur eingestimmt waren.

Es ist schwer, ja nahezu unmöglich, über diese Behauptung einen rationalen Diskurs zu führen, und zwar aus zwei Gründen: Zum einen sagen die Kritiker – allen voran Postman – kaum einmal, was sie eigentlich unter „Kultur" verstehen; das bleibt zweckmäßigerweise im Dunkeln, denn dann kann man viel freier operieren. In der Regel läßt sich jedoch indirekt den Ausführungen der Kulturkritiker entnehmen, daß sie primär eine Hoch- und Elitekultur im Sinne haben, die nun wegen der Massenmedien und vor allem wegen des Fernsehens zugrundegeht. – Zum anderen ist die These „Die Kultur geht unter" so vage und abstrakt formuliert, daß man auf dieser Ebene nicht substantiell argumentieren kann.

Wir müssen deshalb auf einer weniger abstrakten Ebene in der kulturkritischen Literatur jene Thesen herausgreifen, die mit konkreter Argumentation dem Beweis der Globalthese dienen sollen. An derartigen Behauptungen mangelt es nicht; ihnen wenden wir uns nun zu.

Die Menschen denken nicht mehr historisch

Beginnen wir mit zwei Aussprüchen von Postman:

> „Ich vermute, daß auch das Interesse an Geschichte abnehmen und durch ein brennendes Interesse an der Gegenwart ersetzt wird“ (3).

> „Im Zeitalter des Showbusiness und der Image-Politik wird die politische Urteilsbildung nicht nur ihres gedanklichen, sondern auch ihres historischen Inhalts beraubt“ (4).

Für den Gebildeten in unserer Gesellschaft besteht eine der wesentlichen Grundlagen von „Kultur“ darin, daß die Menschen die Vergangenheit kennen und verstehen, daß sie sich selbst und die Gegenwart als geschichtlich bedingt begreifen. Ohne Geschichtsbewußtsein und historisches Denken keine „Kultur“. Diese menschliche Grunddimension ist – nach Ansicht zahlreicher Kritiker – heute, im Zeitalter des Fernsehens – vom Verfall bedroht.

In dieser These steckt die Annahme, früher seien die Menschen geschichtsbewußter gewesen. Beweisen können das die Kulturkritiker ebensowenig, wie wir es widerlegen können. Eben deshalb aber sind Zweifel berechtigt. Die Frage drängt sich auf, ob die früher wohl stärker ausgeprägte Traditionsgebundenheit mit historischem Denken und Geschichtsbewußtsein (im Sinne der heutigen Kulturkritik) gleichzusetzen ist. Ferner: War vormals das Geschichtsbewußtsein ein solches Allgemeingut, wie es uns die Kritiker glauben machen wollen? Liegen hier nicht vielleicht perspektivische Verzerrungen vor, bedingt dadurch, daß wir Kunde vom Denken früherer Generationen vornehmlich durch jene Gebildeten vermittelt bekommen, die selber stark historisch interessiert und orientiert waren? Und: Selbst wenn die empirischen Sozialwissenschaften über Instrumente verfügen, mit denen sie „Geschichtsbewußtsein“ messen können, so können sie das eben nur heute. Echte Vergleiche mit früher sind auf dieser Basis nicht möglich. Wie auch immer man die Dinge dreht und wendet: Die These, das historische Denken gehe verloren, ist ebensowenig belegt wie die – implizite oder explizite – Unterstellung, die Hauptschuld an dieser Entwicklung läge beim Fernsehen.

Noch eine letzte Anmerkung zu dieser Thematik: Wenn Postman vermutet, das abnehmende Geschichtsbewußtsein werde ersetzt „durch ein brennendes Interesse an der Gegenwart“, dann klingt das so, als sei ein brennendes Interesse an der Gegenwart etwas Schlimmes, Negatives, Bedenkliches. Ich bin da anderer Ansicht.

Die Buchkultur ist bedroht
Die Menschen verlernen das Lesen

Buch und Lesen nehmen in unserer Kultur einen hohen Stellenwert ein. Lesen gilt als gut und nützlich, und Bücher verkörpern Geist, Bildung, Kultur schlechthin. Ebenso klar und eindeutig ist das Gegenbild vom Fernsehen: Fernsehen ist schlecht, gefährlich, verderblich. Von dieser Gegenüberstellung lebt ein großer Teil der gegenwärtigen Kulturkritik. Doch das genügt vielen Kritikern noch nicht. Sie suchen auch noch nach Erklärungen, nach Kausalzusammenhängen, und die finden sie ganz schlicht und einfach: Das schlechte Fernsehen beeinträchtigt das gute Lesen. Die Buchkultur verfällt als Folge des Fernsehens; die Menschen verlernen das Lesen.

Sehen wir zunächst einmal von diesen angeblichen Kausalzusammenhängen ab und fragen wir nach dem Stellenwert und der Bedeutung von Buch und Lesen, so begegnen wir in der Kulturkritik auf Schritt und Tritt einer uneingeschränkt positiven Einschätzung:

> „Von Erasmus im 16. Jahrhundert bis hin zu Elisabeth Eisenstein im 20. Jahrhundert sind fast alle Gelehrten, die sich mit der Frage befaßt haben, wie sich das Lesen auf die geistige Verfassung eines Menschen auswirke, zu dem Schluß gelangt, daß es die Rationalität fördert; daß der sequentielle, aussagebestimmte Charakter des geschriebenen Wortes das unterstützt" (Postman) (5).

> „Fast alle Eigenschaften, die wir einem entfalteten Diskurs zuordnen, wurden durch den Buchdruck verstärkt, der die stärkste Tendenz zu einer erörternden Darstellungsweise aufweist: die hochentwickelte Fähigkeit zu begrifflichem, deduktivem, folgerichtigem Denken; die Wertschätzung von Vernunft und Ordnung; der Abscheu vor inneren Widersprüchen; die Fähigkeit, auf endgültige Antworten zu warten" (Postman) (6).

Daraus ergibt sich für Postman das Idealbild vom „Homo typographicus" als

> „Muster des vom Buchdruck geprägten Menschen, unvoreingenommen, analytisch, der Logik verpflichtet, logische Widersprüche verabscheuend" (7).

Die Lobeshymnen sind also überwältigend, und im wesentlichen mit vollem Recht und guten Gründen. Das darf jedoch nicht daran hindern, auf etwas hinzuweisen, was Kulturkritiker gerne übersehen und verschweigen: daß nämlich das Lesen auch seine Schattenseiten, also negative Aspekte hat oder doch haben kann.

Schon im vierten vorchristlichen Jahrhundert äußerte Platon den Verdacht, das geschriebene Wort könne sich schädlich auswirken. Im „Phaidros“ läßt er Sokrates über die Erfindung der Buchstaben sagen:

> „Denn diese Erfindung wird die Lernenden in ihrer Seele vergeßlich machen, weil sie dann das Gedächtnis nicht mehr üben; denn im Vertrauen auf die Schrift suchen sie durch fremde Zeichen außerhalb, und nicht durch eigene Kraft in ihrem Innern zu erinnern. Also nicht ein Heilmittel für das Gedächtnis, sondern eines für das Wiedererinnern hast du erfunden. Deinen Schülern verleihst du aber nur den Schein der Weisheit, nicht die Wahrheit selbst. Die bekommen nun vieles zu hören ohne eigentliche Belehrung und meinen nun, vielwissend geworden zu sein, während sie doch meistens unwissend sind und zudem schwierig zu behandeln, weil sie sich für weise halten, statt weise zu sein.“

Kommunikationswissenschaftler würden das heute so formulieren: Ein neues Medium beeinträchtigt wertvolle Fähigkeiten des Menschen. Weil der Mensch, nachdem es die Buchstaben gibt, nicht mehr sein Gedächtnis fordert und übt, verkümmert dieses. Mit dem Aufschreiben von Gedachtem und Gesagtem wurde Sprache objektiviert, der Mensch machte sie zu einem Gegenstand, den man nicht nur schwarz auf weiß nach Hause tragen, sondern auch in der Zeit konservieren und damit tradieren kann – und den man nun nicht mehr im Gedächtnis zu speichern brauchte. Er steht ja jederzeit als Objekt zur Verfügung, sozusagen abrufbereit. Das Gedächtnis wird dann tatsächlich weniger gefordert. Wenn Platon freilich daraus auf ein Verkümmern, also auf negative Folgen schließt, so kann man das auch anders sehen: Kann das Fixieren und Konservieren von Sprache nicht vielmehr eine Entlastung des Gedächtnisses bedeuten, ein Freimachen von „Räumen“ innerhalb einer begrenzten Kapazität für andere, neue, wichtigere Gedächtnisinhalte? Ob man hier die negative oder die positive Sicht vorzieht, fest steht, daß Lesen und Buch sich nicht so einfach und eindeutig präsentieren wie zumeist in der Kulturkritik.

Dem fügen sich weitere, ebenfalls vornehmlich negative Aspekte an: Menschen, die viel lesen, wurden und werden von ihrer Umwelt nicht selten mit Mißtrauen beobachtet. Sie wirken für manchen offensichtlich eher befremdlich und unheimlich. Wörter wie „Bücherwurm" und „Leseratte" sind dafür kennzeichnend: Würmer und Ratten sind bei uns nicht sonderlich beliebte Lebewesen. Und vor zweihundert Jahren wettern namhafte Autoren gegen Lesewut, Lesesucht und Leseseuche, so zum Beispiel 1794 Johann Gottfried Hoche in einer Schrift mit dem schönen Titel „Vertraute Briefe über die jetzt abenteuerliche Lesesucht und über den Einfluß derselben auf die Verminderung des häuslichen und öffentlichen Glücks" (8).

Was steckt hinter diesem Mißtrauen gegenüber Viellesern? Lesen ist ein individueller Akt, eine Tätigkeit, bei der sich das Individuum aus seiner sozialen Umwelt zurückzieht. Das kann verschiedene Gründe haben, denen wir hier nicht nachgehen. Die Umwelt erlebt den Lesenden so: Wer sich in ein Buch, eine Zeitung, eine Zeitschrift „vertieft", sendet damit an seine Mitmenschen das Signal aus: ich will nicht gestört werden! Er hat damit allerdings nur dann Erfolg, wenn die Partner dieses Signal kennen und respektieren.

Auch das Wort vom „Stubenhocker" beleuchtet einen unbeliebten Effekt des Lesens: Wer viel liest – das soll dieses Wort doch wohl sagen –, nimmt wenig am sonstigen Leben teil. Allerdings belehren uns sozialwissenschaftliche Forschungsergebnisse, daß dieses Stereotyp vom Vielleser heute nicht mehr stimmt: Der Leser

> „ist nicht mehr der blasse, durchgeistigte und weltfremde Stubenhocker von einst; er wird vielmehr als aufgeschlossen, weltzugewandt und aktiv – auch in seiner Freizeitgestaltung – beschrieben" (Fritz) (9).

Wie dem auch sei, die Frage bleibt offen, ob Lesen immer nur gut, wertvoll, nützlich ist. In der kulturkritischen Literatur ist zwar viel vom Lesen die Rede, aber überraschend selten fragt man dort, *was* die Menschen eigentlich zu lesen pflegen. Der Inhalt des Gelesenen interessiert offensichtlich nicht. Für Kulturkritiker ist „Buch" gleich „gutes Buch" und „Lesen" gleich Lesen von guten Büchern. Verdrängt wird dabei die Tatsache, daß vieles, ja wohl das meiste, was heute bei uns gedruckt wird, kaum als „wertvoll' zu bezeichnen ist. Sowohl die Produktionszahlen als auch die Leseforschung weisen nach, daß ein großer Teil des Gedruckten unter Kategorien wie „Trivialliteratur", „Kitsch", „Schund", „Pornographie" und ähnliches fällt; so beispielsweise die zahllosen Groschenhefte, die Landserliteratur, aber auch Boulevardzeitungen und etliche illustrierte Wochenblätter. Wenn das alles in der kulturkritischen Diskussion einfach unter den Tisch fällt, so zeigt das nur, wie sehr der Blick der „Gebildeten" sich verengt, sobald es um „Buch" und „Lesen" geht.

Im übrigen sollte man nicht meinen, früher sei das wesentlich anders, und das heißt besser gewesen. Auch damals schon hat es in großem Umfang fragwürdige Literatur gegeben:

> „Schon zu Beginn des 19. Jahrhunderts schrieb Heinrich von Kleist aus Würzburg an seine Verlobte, daß er in der Bibliothek vergebens nach Goethe, Schiller und Wieland gefragt habe: Halten zu Gnaden, diese Schriften werden hier gar nicht gelesen . . . Was stehen denn eigentlich für Bücher hier an den Wänden? Rittergeschichten, lauter Rittergeschichten, rechts die Rittergeschichten mit Gespenstern, links die ohne Gespenster, nach Belieben" (Brepohl) (10).

Und nun zu den angeblichen Kausalzusammenhängen zwischen Fernsehen und Buchkultur nach dem simplen Schema: Das böse Fernsehen richtet die wertvolle Buchkultur zugunde. Dazu Postman:

> „Es steht außer Zweifel, daß Kinder weniger Bücher lesen, wenn sie das Fernsehen zur Verfügung haben. Ein Kind neigt eher dazu, den Fernseher anzuschalten, wenn es nichts zu tun hat, als ein Buch in die Hand zu nehmen – bei einer Untersuchung, durch die 500 Schulkinder der vierten und fünften Klasse erfaßt wurden, zeigte sich, daß sämtliche Kinder das *Zuschauen* dem Lesen von Lektüre jeglicher Art vorzogen. Dies ist teilweise, wenn nicht vollständig, darauf zurückzuführen, daß das Lesen eine stärkere geistige Aktivität erfordert und es der menschlichen Natur entspricht, eine Unterhaltung zu wählen, die geringere und nicht größere Anstrengungen voraussetzt" (11).

Dieses Zitat illustriert mustergültig, wie fragwürdig manche Kulturkritiker vorgehen. Eine kurze Analyse lohnt sich. „Es steht außer Zweifel" – das legt die Auffassung nahe, was nun kommt, sei eine feststehende, bewiesene Tatsache: „daß Kinder weniger Bücher lesen, wenn sie das Fernsehen zur Verfügung haben." Dem schiebt Postman eine Begründung nach, die aber – recht bedacht – gar keine ist. Statt anhand empirischer Fakten nachzuweisen, daß das Fernsehen bei Kindern das Lesen von Büchern einschränkt, argumentiert er ohne jeden Beleg damit, daß Kinder eher zum Fernsehen als zum Lesen „neigen"; und um diesem Argument das nötige Gewicht zu verleihen, zieht Postman dann doch noch eine empirische Untersuchung heran, derzufolge Kinder *aussagen,* sie zögen das Zuschauen dem Lesen vor. Ganz abgesehen davon, daß – wie jeder Sozialforscher weiß – solche Aussagen von Kindern mit Vorsicht aufzunehmen sind, ist damit überhaupt nicht belegt, daß Kinder wegen des Fernsehens weniger lesen, sondern allenfalls (wenn man die Aussagen akzeptiert), daß Kinder, wenn sie die Wahl haben, das Fernsehen dem Lesen vorziehen. Diese Feststellung sagt aber nicht das geringste über den Einfluß des Fernsehens auf den Umfang des Lesens aus. Die These, die Postman hier zu belegen sucht, bleibt unbewiesen.

Sonderlich wissenschaftlich oder auch nur logisch einwandfrei ist dieses Vorgehen nicht.

Wieder einmal sei mit Nachdruck betont: Ich behaupte nicht, die These vom schädlichen Einfluß des Fernsehens auf das Lesen sei falsch; ich wage nur zu bezweifeln, daß die dafür genannten Gründe, Argumente und Belege ausreichen, um zu überzeugen. Ja, ich bezweifle schon die Ausgangsthese, nach der früher, vor dem Fernsehen, die Menschen mehr gelesen hätten und das gedruckte Wort der entscheidende Faktor im Leben „der" Menschen gewesen sei. Vielleicht war dem wirklich so, aber einfach behaupten darf man das nicht. Es handelt sich um eine Annahme, die nicht bewiesen ist und die sich auch kaum noch beweisen läßt, weil keine voll vergleichbaren empirischen Daten für damals und heute vorliegen.

Wenn nun der Kulturkritiker nicht sicher ist, ob das Fernsehen wirklich das Lesen einschränkt, dann muß sich – aus seiner Sicht – wenigstens die Art der Lektüre verändert haben – zum Schlimmen natürlich. So behauptet Postmann:

> „Es gibt tatsächlich Anzeichen dafür, daß auch in dieser Hinsicht ein Wandel eingetreten ist und heute andere Arten von Büchern zum Vergnügen gelesen werden als in den Tagen, bevor die Kinder fernsahen. Diese Veränderung mag zum Teil durch den Inhalt der Sendungen beeinflußt sein, die von Kindern gesehen werden. Beispielsweise dürfte die deutliche Abnahme der Beliebtheit von Erzählungen bei Kindern in den letzten zwei Jahrzehnten auf die Fülle phantasievoller Geschichten zurückzuführen sein, die ihnen im Fernsehen geboten werden. Andere Verlagerungen der kindlichen Leseinteressen könnten etwas mit den Einflüssen des (eigentlichen) Fernseherlebnisses auf ihren Lesestil zu tun haben. Der Leiter einer exklusiven Knabenschule in New York berichtet: ‚Ich habe keine ausgeprägte Korrelation zwischen dem zeitlichen Umfang des Fernsehens und

> der Zahl der aus der Bibliothek entliehenen Bücher feststellen können. Die bedeutsame Veränderung betrifft die *Kategorien* von Büchern, die die Jungen lesen. Das Interesse an phantastischen Geschichten und Abenteuern – Erzählungen aller Art – hat abgenommen. Ein wirklich neuer Trend scheint mir hingegen das Interesse zu sein, das die Kinder heute den sogenannten <Nonbooks>, den Büchern, die keine Bücher sind, entgegenbringen. Das hervorstechendste Beispiel eines <Nonbooks> ist das Guinness Book of Records. Ein Großteil der Lektüre unserer Jungen scheint heutzutage auf diese ‚Sparte' zu entfallen'" (12).

Mangels rechter Belege greift hier Postman auf die Aussagen des „Leiters einer exklusiven Knabenschule" zurück; der muß es ja wissen. Dem Sozialwissenschaftler und Pädagogen Postman sollte eigentlich bekannt sein, wie wenig zuverlässig und allgemeingültig derartige subjektive Beobachtungen sind. Überzeugend belegt ist auch hier wenig oder gar nichts.

Daß das Fernsehen dem gedruckten Wort zwar an Attraktivität überlegen, an Qualität aber unterlegen ist, begründen die Kulturkritiker mit dem Bild-Charakter des Mediums Fernsehen. Laut Postman sind

> „wir heute im Begriff . . ., eine wortbestimmte Kultur in eine bildbestimmte Kultur zu verwandeln" (13).

Dem liegt die Annahme zugrunde, zumindest vom Standpunkt der (Hoch-)Kultur aus gesehen sei das Wort dem Bild überlegen. Das greifen wir an dieser Stelle nicht auf. Hinzuweisen ist hier lediglich darauf, daß auch im Fernsehen gesprochen wird und daß es dort nicht wenige Sendungen gibt, die ganz überwiegend vom Wort leben.

Mir scheint, daß wir bislang erstaunlich wenig wissen über Bedeutung und Funktionen von Bild und Wort je für sich wie auch in ihrem Verhältnis zueinander. Statt dessen beherrschen Spekulationen das Feld; was nicht weiter schlimm wäre, wenn man sie als solche deklarieren würde.

Am Rande vermerkt: Mit dem Radio, dessen Programme ja zu wesentlichen Teilen aus Wortbeiträgen, aus Dialog, Diskurs und Rede bestehen, weiß Postman offensichtlich nicht viel anzufangen. Er begnügt sich mit der Behauptung,

> „daß die Sprache, die wir im Radio vernehmen, zusehends primitiver und fragmentarischer wird und weitgehend darauf aus ist, viszerale Reaktionen auszulösen; mit anderen Worten, sie entwickelt sich zum sprachlichen Pendant der allgegenwärtigen Rockmusik, die die wichtigste Einnahmequelle des Radios ist" (14).

Wie steht es nun mit der vielbeschworenen Gefahr eines neuen Analphabetismus? Dazu ist vorab zu bemerken, daß zwar nicht alle, aber doch viele Kulturkritiker die (angebliche) Abnahme der Lesefähigkeit als Folge des Fernsehens betrachten. – Die Fakten sind unklar, die Daten oft widersprüchlich. In den U.S.A. sind

> „mindestens 23 Millionen Erwachsene ... entsprechend den einfachsten Tests des alltäglichen Lese-, Schreib- und Auffassungsvermögens funktionell Analphabeten. Und die Zahl der erwachsenen Analphabeten wächst jedes Jahr um rund 2,3 Millionen (eingeschlossen vorzeitige Schulabgänger, Einwanderer und Flüchtlinge)" (Opolka) (15).

> „Ein ernsteres Problem noch als die Gruppe der Leseunfähigen ('illiterates') stellt die weit größere Gruppe der 'aliterates' dar, jener Menschen, die ... zwar lesen können, es aber nicht oder nur gezwungenermaßen tun. Unter diese Kategorie fallen 44 Prozent aller Amerikaner, wobei die Zahl der Leseunwilligen sowohl unter den 16- bis 20jähri-

gen (von 25 auf 38 Prozent) als auch unter den über 65jährigen (nur 29 Prozent von ihnen lesen noch) in den letzten 10 Jahren gestiegen ist. Kompensiert wird diese Entwicklung nur durch mehr Lesewillige unter den 30- bis 39jährigen" (Opolka) (16).

„Amerikanische Tests vom Ende der 70er Jahre zeigten einen Rückgang der Lesefähigkeit. Wir haben Grund, das gleiche in Deutschland zu erwarten, trotz der hervorragenden Verkaufszahl von Büchern, und wir wissen bereits, daß mit dem Rückgang der Lesefähigkeit verbunden ist ein Rückgang an Ausdrucksfähigkeit, an Fähigkeit, zu sprechen und zu schreiben, und auch ein Rückgang von Phantasie" (Noelle-Neumann) (17).

Das letzte Zitat steht in ausdrücklichen Wirkungszusammenhängen mit dem Fernsehen. – Übrigens ist auch hier wieder die Formulierung aufschlußreich: „Wir haben Grund, zu erwarten" – der Grund bleibt Geheimnis der Autorin.

Aus allen diesen Zitaten muß der unbefangene Leser nun den Schluß ziehen, das Lesen ginge rapide zurück. Aber weit gefehlt:

„Die Zahl der Leser in den USA ist in den letzten Jahren zwar nicht kleiner geworden, aber trotz einer zunehmend komplexeren sozialen, politischen und technischen Umwelt auch nicht gewachsen. Ähnlich in der Bundesrepublik Deutschland. Auch hier blieb die Zahl der Buchleser während der vergangenen 20 Jahre etwa konstant" (Opolka) (18).

„Dem Büchermarkt hat weder die Diskussion über die sogenannten neuen Medien, noch das vermehrte Angebot von Programmen Schaden zugefügt; der Börsenverein des deutschen Buchhandels konstatierte für 1985 eine steigende

Lust am Lesen bei den Bundesbürgern und einen Umsatzzuwachs von 6% beim Buchhandel“ (Fernseh-Informationen) (19).

Es ist nach alledem schwer, sich ein Bild vom tatsächlichen Stand der Dinge zu machen. Gewaltig zunehmender Analphabetismus (trotz ständig steigender formaler Bildung) einerseits, auf der anderen Seite keine Abnahme des Lesens – das will nicht so recht zusammenpassen. Viele Fragen bleiben offen.

Vielleicht könnte man die Sachlage auch einmal positiv interpretieren: Es ist doch bemerkenswert, wenn trotz des zunehmenden Analphabetentums und trotz des Fernsehens die Buchproduktion und das Kaufen von Büchern nicht zurückgehen. Allerdings, diese Sichtweise dürfte sich wenig dem Weltbild derer einfügen, die davon überzeugt sind, daß alles immer schlechter wird.

Das Wissen nimmt ab. Die Bildung ist bedroht

„Außerdem möchte ich meine Leser ja gerade davon überzeugen, daß der Verfall einer auf dem Buchdruck basierenden Epistemologie und der damit einhergehende Aufstieg einer auf dem Fernsehen basierenden Epistemologie für das öffentliche Leben schwerwiegende Folgen gehabt haben und daß wir von Minute zu Minute dümmer werden“ (Postman) (20).

„Die Massenmedien (haben) zum irgendwie nützlichen Wissen überhaupt nichts beizutragen“ (Mander) (21).

„Ungefähr 40 Prozent unserer Siebzehnjährigen können aus einem schriftlichen Text keine Folgerungen ableiten, und nur ein Fünftel ist imstande, einen Aufsatz zu schreiben, der den Ansprüchen genügt“ (Opolka) (22).

Die jüngere Generation – so also die These der Kulturkritiker – weiß und lernt, versteht und begreift immer weniger. Diese Klage ist nicht neu. Immer schon haben die Älteren unter den Gebildeten ihre eigene Perspektive gehabt: Was man gelernt habe, sei richtig, wichtig und nützlich auch für die nächste Generation; aber von diesem unverzichtbaren Bestand wissen die Jüngeren nur noch Teile, und das sei Verlust, Abstieg, Niedergang.

Dabei verkennen die Älteren die Lage: Junge Menschen lernen und wissen eine ganze Menge, insgesamt vermutlich nicht weniger als die Elterngeneration. Sie lernen aber vieles, das den Älteren unwichtig erscheint und zu dem diese keinen rechten Zugang finden. Die Anforderungen, die das Leben an Wissen und Verstehen stellt, wandeln sich, und so sieht die Jugend anderes als wichtig an – mit Recht. Statt zu wissen, wie Käse gemacht wird, statt lateinische Vokabeln zu lernen, erscheint es den Jüngeren nützlicher, mit dem Computer umgehen zu können, eine lebende Fremdsprache zu beherrschen, Umwelt- und Wirtschaftsprobleme zu verstehen. Die menschliche Kapazität ist offensichtlich begrenzt. Wenn auf der einen Seite Neues hinzukommt, muß man auf der anderen Seite auf etwas verzichten. Eben dies tut die Jugend gleichsam selbstverständlich, und das betrachten die Älteren als Verlust und Verfall. Die Kulturkritiker liefern den Grund für diesen Abstieg: Schuld ist das Fernsehen.

Warum auch hier gerade das Fernsehen verantwortlich sein soll, das suchen die Kritiker zwar wortreich darzulegen, überzeugend ist es jedoch nicht. Das Argument, die heutige jüngere Generation sei die erste, die mit dem Fernsehen aufgewachsen ist, ist als Erklärung dürftig; damit könnte man letztlich alles, was die Jugend von heute kennzeichnet, auf das Fernsehen zurückführen. Und selbst wenn der Nachweis gelänge, daß Vielseher besonders wenig wissen und verstehen, wäre das noch kein Kausalbeweis, sondern zunächst lediglich eine

Korrelation, die auf sehr verschiedenen Ursachefaktoren beruhen könnte.

Die Perspektiven und Maßstäbe, mit denen die Kulturkritiker gerne arbeiten, sind schließlich noch aus einem anderen Grund fragwürdig: Man geht davon aus, daß frühere Generationen viel gebildeter gewesen seien als die Menschen heute; das ist jedenfalls oft zwischen den Zeilen zu lesen. Tatsächlich müssen wir annehmen, daß es damals nur eine kleine, aber für uns besonders sichtbare Elite war, die gebildet war. Die breite Bevölkerung lag beträchtlich unter dem heutigen Gesamtniveau. Ein direkter Vergleich der Bildung von damals und heute müßte diese Faktoren mit einbeziehen. Doch das unterbleibt in der Regel. Dazu Eco:

> „Der Bürger eines modernen Landes, der in ein und demselben Heft einer Illustrierten Nachrichten über Filmstars und Informationen über Michelangelo liest, ist nicht am Bildungsstand des antiken Humanisten zu messen, der sich kundig und selbständig auf den verschiedenen Wissensgebieten bewegte, sondern an der Interessenlage des Tagelöhners oder kleinen Handwerkers vor zwei, drei Jahrhunderten, dem der Zutritt zu den kulturellen Interaktionen verwehrt war“ (23).

Das Fernsehen zerstört die kulturelle Identität

Amerikanische Fernsehprodukte überschwemmen die Welt. Wohin auch immer wir kommen, überall begegnen uns auf dem Bildschirm „Dallas“ und „Denver“, „Kojak“ und „Bonanza“. Die Folge davon ist – wie viele Kulturkritiker meinen – eine weltweite Amerikanisierung, eine Nivellierung der Weltsichten, ein Verlust der kulturellen Identität.

Diese Ansicht, die einen Teil der Doktrin vom „Kulturimperialismus“ darstellt, wird oft mit äußerstem Engagement verfochten:

> „Der aus diesen Zusammenhängen resultierende Kulturimperialismus dürfte in der Geschichte der Menschheit der umfassendste und flexibelste Versuch eines kulturellen Genozids im Namen von westlichem Fortschritt und abendländischer Zivilisation sein“ (Becker) (24).

War dabei zunächst der Blick auf das Nord-Süd-Gefälle, auf das Verhältnis zwischen Industrie- und Entwicklungsländern gerichtet, resultierend in der Forderung nach einer „Neuen Welt-Informations- und Kommunikationsordnung“, so kristallisierte sich bei uns allmählich ein „West-Ost“-Gefälle heraus dergestalt, daß auch wir uns durch die große Zahl amerikanischer Fernsehprodukte in unserer kulturellen Identität bedroht fühlen.

Auch hier betone ich: Es ist nicht meine Absicht, die These von der kulturellen Überfremdung zu widerlegen. Sie ist es allemal wert, sorgfältig durchdacht und untersucht zu werden. Ich will nur zeigen, daß es auch hier notwendig ist, von Globalbehauptungen zu einer differenzierten Betrachtungsweise überzugehen.

Ausgangspunkt ist also die Annahme, daß wir durch die Fülle amerikanischer Produktionen kulturell nivelliert und überfremdet werden. Dazu ein kurzer Blick darauf, was für eine Welt diese amerikanischen Produkte vermitteln:

> „Gezeigt wird eine männliche Welt, in der eine individualistische Ideologie nach dem Motto ‚Jeder ist seines Glückes Schmied‘ vorherrscht. Angesiedelt sind die Handlungen entweder im märchenhaft reichen Oberschichtmilieu, oder aber – und dies ist eher der Regelfall – in einem gehobe-

nen Mittelschichtmilieu, in dem aber für potentielle Rezipienten in Entwicklungsländern ein unvorstellbarer Reichtum herrscht (zumindest für die Mehrheit der Rezipienten). Es wird nicht gezeigt, daß für Geld auch gearbeitet werden muß. Die Welt der Arbeit nimmt in der amerikanischen Fernsehunterhaltung nur eine untergeordnete Stelle ein. Erfolg oder Mißerfolg bei der Erreichung persönlicher Ziele (Wohlstand, Macht, Prestige) wird in der Regel als vom einzelnen abhängig gezeigt, wobei die Anwendung illegitimer Mittel zur Erreichung dieser Ziele (z.B. Gewalt) gebräuchlich ist" (Kunczik) (25).

Wenn diese Inhalte und Wertorientierungen direkt und ungebrochen auf die Zuschauer in anderen Kulturkreisen einwirken, dann ist Wachsamkeit geboten: Die Frage stellt sich jedoch, ob wir wirklich mit einer so direkten Überfremdung und Entfremdung, mit einem Verlust der kulturellen Identität zu rechnen haben. Es gibt gute Gründe für den Standpunkt, daß die Sachverhalte doch nicht ganz so einfach liegen.

Zunächst einmal: Was bedeutet eigentlich „nationale Kultur" und „nationale Identität"? Mit diesen schlagwortartigen Begriffen arbeiten die Kritiker zwar ständig, sie sagen aber kaum einmal, was damit gemeint ist. Das eindeutig zu klären, dürfte freilich nicht gerade einfach sein.

Weil die meisten Kulturkritiker sich nicht die Mühe machen, ihre Grundbegriffe zu klären, entarten diese Begriffe zu Schlagworten, die inhaltlich so vage und unbestimmt bleiben, daß man mit ihnen beliebig umgehen kann. Es ist um der Sauberkeit und Redlichkeit willen eigentlich eine selbstverständliche Forderung, exakt zu klären, wovon man redet.

Nun zur Sache selbst: In der Diskussion wird fast immer so getan, als seien interkulturelle Einflüsse a priori etwas Schädliches. Wer sich mit Kulturgeschichte befaßt hat, wird dem nicht zustimmen können.

> „Historisch betrachtet, haben Kulturen immer schon einander beeinflußt. So wurde beispielsweise das kulturelle Erbe Indiens durch die Moghul-Besatzer wie auch durch die Portugiesen bereichert, und der britische Pluralismus ist keineswegs ein Nachteil für den politischen und ökonomischen Fortschritt" (Jussawalla) (26).

Die Geschichte bietet eine Fülle von Beispielen für fruchtbare Einflüsse von Kultur zu Kultur: Das alte Ägypten hat auf das antike Griechenland eingewirkt, Griechenland auf Rom, China auf Japan und Korea, die Araber auf Europa, Europa auf Nordamerika, und nun also Nordamerika auf uns. Den Zeitgenossen sind solche Einflüsse oft bedenklich erschienen. Aus unserer heutigen Sicht haben sich viele dieser „fremden" Impulse außerordentlich positiv ausgewirkt. Und so ist wohl die Frage berechtigt, ob die gegenwärtige „Amerikanisierung" wirklich nur negativ zu beurteilen ist.

> „War es nicht der Genius eines Chaplin, der die ganze Menschheit einte? Besteht nicht der Genius der amerikanischen Populärkultur darin, besser als alles andere die Menschheit zu verbinden? . . . Ich frage: Warum wird die überall anzutreffende Beliebtheit von Dallas so verachtet, während die Beatles oder auch Chaplin überall verehrt werden? Vielleicht brauchen wir eine alternative Art und Weise bei der Betrachtung der allgemeinen Popularität des Fernsehens in aller Welt" (Tracey) (27).

Nun mag jemand einwenden, in früheren Zeiten habe es sich um Berührungen und Beeinflussungen im Bereich der „hohen" Kultur gehandelt; heute dagegen gehe es um Massen- oder Populärkultur. Dem wäre freilich entgegenzufragen: Waren in der Antike bemalte Tonkrüge Produkte einer Hoch- oder einer Massenkultur? Rechnen Chaplin-Filme zur Hoch- oder zur Massenkultur? Wer will sich hier anmaßen, eindeutige Urteile zu fällen?

Jedenfalls sollten wir die Frage des „Kulturimperialismus" auch einmal unter positiven Vorzeichen sehen. Dazu eine Stimme aus der Dritten Welt:

> „Ist etwas schlimm daran, wenn alte und moderne Kulturen sich vermischen und einander ihr Bestes geben? Entstehen dadurch nicht starke Brücken für ein gegenseitiges Verständnis und letzten Endes für den Weltfrieden? Solche Fragen machen den Mythos wie auch die Realität im Hinblick auf die Bedrohung nationaler Kulturen sichtbar" (Jussawalla) (28).

Auch aus kommunikationswissenschaftlicher Sicht ist es notwendig, die These von der Überfremdung durch amerikanische Fernsehprodukte zu differenzieren und zu relativieren. Diese These geht nämlich von einem Kurz-Schluß aus, dem wir oft auch sonst begegnen; es handelt sich um den direkten unmittelbaren Schluß vom Medieninhalt auf Medienwirkungen. Weil die Fernsehinhalte „amerikanisch" sind, müssen auch die Menschen, die diese Programme sehen, in exakt demselben Sinne „amerikanisch" werden. Das ist ein Schluß, der eine Reihe von wichtigen Faktoren außer acht läßt, Faktoren, die von der Kommunikationswissenschaft als unerläßlich betrachtet werden, wenn man die Prozesse der Massenkommunikation angemessen verstehen will.

Dem Kurz-Schluß liegt die Vorstellung von einem passiven Publikum zugrunde, das sich willenlos und hilflos von den Medien beeinflussen läßt. Dieses Modell hat die Kommunikationswissenschaft schon vor geraumer Zeit als unzulänglich, ja irreführend aufgegeben. Statt dessen verstehen die Forscher heute den Rezipienten als einen Menschen, der aktiv mit den Medien und ihren Angeboten umgeht, der prüft und auswählt,

Sinn und Bedeutung zuweist und die Medienaussagen auf der Basis bereits vorhandener Meinungen, Attitüden und Werthaltungen auf eine eigene Weise interpretiert. Das heißt aber auch, daß oft genug Widerstände und Gegenkräfte mit im Spiel sind, die verhindern, daß es zu einer direkten, unmittelbaren Beeinflussung kommt.

> „Obwohl Korea aktiv chinesisches Kulturgut aufnahm, wurde es doch nicht von China aufgesogen . . . So ist es auch höchst unwahrscheinlich, daß Korea durch die Übernahme westlichen Kulturgutes in weniger als einem Jahrhundert verwestlicht wird und seine eigene Kultur oder Tradition verliert“ (Choe) (29).

Ferner fragt der Wissenschaftler mit Grund und Recht, ob denn überzeugende empirische Belege für die These vom Verlust der kulturellen Identität durch „fremde“ Fernsehprodukte vorliegen. Behauptet wird viel, bewiesen ist wenig:

> „Man geht einfach davon aus, daß amerikanische Fernseh-Importe einen Einfluß ausüben, wo und wann immer sie gezeigt werden, aber nur selten wird dies untersucht und verifiziert. Was als Beleg angeführt wird, ist in der Regel lediglich anekdotischer oder zufälliger Art“ (Tracey) (30).

Fernsehen ist nichts als Showbusiness; es macht alles zu Unterhaltung

Fernsehen ist weitgehend ein Unterhaltungsmedium. Das bestreitet niemand. Wichtig ist dabei die Einschränkung „weitgehend“. Für Kulturkritiker wie Postman gilt nämlich diese Einschränkung nicht. Er geht ohne weiteres davon aus,

> „daß der Ausdruck ‚seriöses Fernsehen‘ ein Widerspruch in sich ist; und daß das Fernsehen immer im gleichen Tonfall spricht – im Tonfall der Unterhaltung“ (31).

Nach dieser Auffassung nimmt im Fernsehen grundsätzlich alles Unterhaltungscharakter an; Information, Dokumentation, Politik, Kultur – alles unterliegt dem Zwang, den Eigengesetzlichkeiten dieses nur auf Unterhaltung hin angelegten Mediums. Die Grenzen, die wir zwischen den einzelnen Programmkategorien zu ziehen gewohnt sind, existieren in dieser Sichtweise nicht mehr.

Ernsthaftes Denken und substantielle Sprache bleiben im Fernsehen auf der Strecke. Das ist jedenfalls Postmans Ansicht:

> „Denken kommt auf dem Bildschirm nicht gut an, das haben die Programmdirektoren schon vor langer Zeit herausgefunden. Es gibt dabei nicht viel zu *sehen*. Mit einem Wort, Denken ist keine darstellende Kunst ... Ich behaupte nicht, daß es unmöglich ist, kohärente Sprache oder Gedanken, die erst im Entstehen sind, im Fernsehen zu übermitteln ... Aber in Höchstform ist das Fernsehen hier nicht, und es ist auch nicht die Art von Fernsehen, die die Leute gerne sehen möchten. Für das Fernsehen kommt es einzig und allein darauf an, daß die Leute *zusehen*, deshalb heißt es ja auch Fernsehen. Und was sie sehen und sehen wollen, sind laufende Bilder – Millionen laufender Bilder, in schnellem Wechsel und dynamischer Vielfalt. Aus dem Wesen dieses Mediums ergibt sich, daß es den Gehalt von Ideen unterdrücken muß, um den Ansprüchen optischer Anziehungskraft, das heißt: den Wertmaßstäben des Showgeschäfts, zu genügen“ (Postman) (32).

Wer ohnehin dem Fernsehen nicht gewogen ist, wird diese Argumentation für sehr einleuchtend halten. Der distanzierte Beobachter dagegen, der nicht alles unbesehen hinnimmt, hat auch hier Zweifel und Fragen.

Zunächst einmal ist es ärgerlich, wenn Postman zwar ständig von Unterhaltung redet, aber niemals erklärt, was er damit meint. „Unterhaltung“ ist einer jener vagen Allgemeinbegriffe, die man mit sehr verschiedenen Inhalten auffüllen kann. Wenn Postman sich auf keine genauere Bestimmung einläßt, hat er gewiß seine Gründe dafür:

> „Da er sich auf keine bestimmte Bedeutung festlegt, kann er je nach Argumentationsbedarf verschiedene Begriffsinhalte unter demselben Terminus gegeneinander ausspielen" (Müller-Sachse) (33).

Wir definieren hier Unterhaltung aus der Sicht der Rezipienten als das, was den Menschen „unterhält". Dies müßte freilich noch weiter ausgeführt werden; aber das ist hier nicht möglich.

Über diese Begriffsfrage hinaus erscheint uns auch die These als solche fragwürdig: Ist wirklich alles, was das Fernsehen bringt, Unterhaltung? Hier müssen wir bedenken, daß Postmans Perspektive (wie auch die von Winn, Mander und anderen amerikanischen Autoren) eine andere ist als die unsrige: Die Amerikaner denken bei ihrer Argumentation immer nur an ihr eigenes, privatwirtschaftlich organisiertes Rundfunksystem, in dem Fernsehen und Hörfunk von Werbeeinnahmen leben und das deshalb hochgradig unterhaltungsorientiert ist. Unser öffentlich-rechtlicher Rundfunk, weitgehend durch Gebühren abgesichert, unterscheidet sich davon: Neben Unterhaltung gibt es eine beachtliche Anzahl von politischen, informierenden, kulturellen und bildenden Sendungen. Man müßte schon einige Begriffsakrobatik betreiben, um behaupten zu können, alle diese Angebote seien nichts weiter als Showbusiness. Mag also die These vom Fernsehen als pure Unterhaltung vielleicht in den U.S.A. eine gewisse Berechtigung haben (obwohl sich auch darüber noch streiten ließe), für unser öffentlich-rechtliches System gilt sie nicht.

Allerdings, wenn man den amerikanischen Kritikern die Unterschiede zwischen den Rundfunksystemen vorhält, so pflegen sie achselzuckend zu erwidern, es sei nur noch eine Frage der Zeit, bis auch wir „amerikanische Zustände" haben. Man muß zugeben, daß mit der Einführung des kommerziellen Rundfunks in der Bundesrepublik der erste Schritt in diese Richtung bereits vollzogen ist. Ob auch die öffentlich-rechtlichen Programme eines Tages nur noch als „Unterhaltung" zu verstehen sind, bleibt abzuwarten. Tendenzen, die in diese Richtung weisen, sind gegenwärtig tatsächlich zu beobachten.

Mit dem Fernsehen amüsieren wir uns zu Tode

> „Das Fernsehen ist dabei, unsere Kultur in eine riesige Arena für das Showbusiness zu verwandeln" (Postman) (34).

Fernsehen ist Unterhaltung und nichts anderes. Aus dieser Voraussetzung leitet Postman seine zentrale These ab: Mit dem Fernsehen amüsieren sich die Menschen zu Tode. Als Bezugsrahmen dienen ihm dabei die Zukunftsromane von Huxley *(Schöne neue Welt)* und Orwell *(1984)*.

> „Orwell warnt vor der Unterdrückung durch eine äußere Macht. In Huxleys Vision dagegen bedarf es keines Großen Bruders, um den Menschen ihre Autonomie, ihre Einsichten und ihre Geschichte zu rauben. Er rechnete mit der Möglichkeit, daß die Menschen anfangen, ihre Unterdrükkung zu lieben und die Technologien anzubeten, die ihre Denkfähigkeit zunichtemachen. Orwell fürchtete diejenigen, die Bücher verbieten. Huxley befürchtete, daß es eines Tages keinen Grund mehr geben könnte, Bücher zu verbieten, weil keiner mehr da ist, der Bücher lesen will. Orwell fürchtete jene, die uns Informationen vorenthalten. Huxley fürchtete jene, die uns mit Informationen so sehr überhäufen, daß wir uns vor ihnen nur in Passivität und Selbstbespiegelung retten können. Orwell befürchtete, daß die Wahrheit vor uns verheimlicht werden könnte. Huxley befürchtete, daß die Wahrheit in einem Meer von Belanglosigkeit untergehen könnte" (Postman) (35).

Für Postman steht nun fest: Orwells Vision vom Überwachungsstaat ist nicht eingetroffen; Recht behalten hat vielmehr Huxley, in dessen Zukunftsentwurf die Menschen sich zu Tode amüsieren, gerne, ohne Zwang, ohne es zu merken. Der Motor für diese Entwicklung ist – so meint Postman – das Fernsehen.

Nun ist freilich die These vom „Sich zu Tode amüsieren" so allgemein und verwaschen, daß es schwerfällt, darüber ernsthaft zu diskutieren. Zwei Punkte seien aber doch kurz angesprochen:

Die These basiert auf der Annahme, Fernsehen sei nichts als Unterhaltung. Wenn man – wie eben dargelegt – diese Behauptung nicht akzeptiert, kann man natürlich auch den Folgerungen nicht vorbehaltlos zustimmen.

Zweitens: Wenn wir die These so formulieren: „Das Fernsehen ist die Ursache dafür, daß wir uns zu Tode amüsieren", dann wird klar, daß es sich hier um eine Wirkungsaussage handelt: Das Fernsehen „bewirkt" etwas. Noch genauer: Hier liegt eine Aussage über Monokausalität vor. Eine Ursache hat eine bestimmte Wirkung. Damit decouvriert sich Postman als Anhänger einer simplen mechanistisch-behavioristischen Denkweise, eines Denkmusters, nach dem der Mensch in ganz bestimmter Weise auf einen Reiz reagiert. Das aber ist ein Menschenbild, das von der großen Mehrheit der Sozialforscher längst aufgegeben ist. Wer heute noch so einfach mit monokausalen Erklärungen umgeht, hat anscheinend nicht mitvollzogen, daß die Sozialwissenschaften zu weitaus komplexeren Modellen übergegangen sind, in denen man den Menschen als aktives, sinn- und bedeutungszuweisendes Wesen versteht, und in denen Monokausaldenken als unzulänglich und irreführend gilt.

Durch das Fernsehen verkümmert der öffentliche Diskurs

Der öffentliche Diskurs, die Erörterung gesellschaftlich relevanter, konflikthaltiger Themen, bildet ein Grundelement unserer Demokratie. Die Kulturkritik, verkörpert in Neil Postman, behauptet nun

> „daß in dem Augenblick, da der Buchdruck an die Peripherie unserer Kultur gedrängt wird und das Fernsehen seinen Platz im Zentrum einnimmt, die Ernsthaftigkeit, die Klarheit und vor allem der Wert des öffentlichen Diskurses in Verfall geraten" (Postman) (36).

Als Folge des Fernsehens

> „wird die Fähigkeit der Öffentlichkeit nachlassen, Vorgänge und Probleme zu verstehen und ernsthaft zu diskutieren" (Postman) (37).

Postman vertritt die Ansicht, früher sei es um den öffentlichen Diskurs besser bestellt gewesen als heute und in Zukunft. Vor allem das 18. und 19. Jahrhundert waren aus seiner Sicht geradezu ideale Zeiten. Damals waren die Redner

> „Muster intellektueller Eleganz und Hingabe an Rationalität und Gelehrsamkeit" (38).

Freilich gab es auch damals schon schwarze Schafe, die die Untugenden des Fernsehens vorwegnahmen; als Beispiel dafür dient

> „der ‚ehrenwerte' Abe Lincoln aus Illinois, der zur Beeinflussung von Geschworenen große schauspielerische Qualitäten entfaltete, nicht unähnlich den Anwälten, die uns heute das Fernsehen vorführt" (Postman) (39).

Das sind jedoch nur Ausnahmen, die die Regel bestätigen.

Aber nicht nur die Redner, sondern auch die Zuhörer zeichneten sich durch ein vorbildlich hohes Niveau aus. Damals – so meint Postman –

> „muß dieses Publikum eine ebenso außergewöhnliche Fähigkeit besessen haben, lange und komplizierte Sätze durch bloßes Hören zu erfassen ... Die Zuhörer bei den Lincoln-Douglas-Debatten waren mit den zur Diskussion stehenden Problemen offenbar gut vertraut, sie besaßen historische Kenntnisse und wußten über komplizierte politische Sachverhalte Bescheid“ (40).

Allerdings, gewisse Zweifel beschleichen uns, wenn wir lesen:

> „Die Redner ebenso wie ihr Publikum waren an eine Beredsamkeit gewöhnt, die man als literarisch bezeichnen kann. Auch wenn es bei solchen Anlässen wie auf einem Rummelplatz zuging, konnten die Redner kaum anderes bieten und die Zuöhrer kaum anderes erwarten als Sprache. Und diese Sprache war offenkundig nach dem Muster des geschriebenen Worts geformt“ (41).

Tatsächlich, es steht so da: Es ging zu wie auf einem Rummelplatz. Und Rummelplatz hat, wenn ich nicht irre, doch wohl etwas mit „Showbusiness“ zu tun. Wollte sich vielleicht gar schon damals das Publikum eher amüsieren als intellektuelle Diskurse mitzuvollziehen?

Gewichtiger sind Fragen wie diese: Wie und woran mißt Postman die Qualität des öffentlichen Diskurses? Mit welchen Kriterien kommt er zu dem Schluß, daß der Diskurs heute schlechter ist als vor hundert oder zweihundert Jahren? Haben wir nicht auch heute gescheite, gebildete, brillante Redner? Beispiele dafür ließen sich in stattlicher Zahl anführen.

Wo also bleiben die glaubwürdigen Belege für den angeblichen Verfall des öffentlichen Diskurses? Liegt hier nicht vielleicht wiederum eine kulturpessimistische Vergoldung der Vergangenheit vor? Und wie stand es damals mit den Zuhörern? War das Publikum wirklich so gebildet? Haben die Teilnehmer an jenen Veranstaltungen die Debatten tatsächlich mit so viel Sachverstand verfolgt? Haben sie die hochkomplexen Gedankengänge der Redner verstanden? Das Bild vom „Rummelplatz" spricht eher dagegen. Jedenfalls gibt Postman auf diese Fragen keine überzeugenden Antworten.

Die Politik verflacht und wird zur reinen Unterhaltung

Wir haben es schon vernommen: Was auch immer im Fernsehen erscheint, es nimmt zwangsläufig Unterhaltungscharakter an; so auch die Politik:

> „Politische Ideen lassen sich im Fernsehen nicht erläutern. Seine Form arbeitet gegen den Inhalt" (Postman) (42).

> „Die Linie zwischen Politik und Unterhaltung verwischt sich" (Postman) (43).

> „Das Fernsehen, welches wichtigste Quelle politischer Information ist, reduziert Politik auf das ‚Zeigbare'. Hintergründe und Zusammenhänge, die eine Einordnung des Gezeigten ermöglichen, treten zurück. Das Weltbild reduziert sich auf ausschnitthafte, durch pointierte Bildkürzel dramatisierte Effekte. Bevorzugt darstellen lassen sich Personen und ihre Handlungen. Die Vermittlung von Politik konzentriert sich auf Standardsituationen und Rituale" (Oberreuter) (44).

Auch Frau Noelle-Neumann, eifrige Verfechterin von mehr Fernsehen, sieht einen Niedergang, wenn sie die Ansicht vertritt, eine Folge des Fernsehens sei

„das Umsichgreifen der Vorstellung, es gebe für alle auftretenden Schwierigkeiten in der Politik schnelle und einfache Lösungen . . . Die Aufmerksamkeit der Politiker wird kurzatmiger. Sie verlagert sich von langfristigen politischen Zielen auf die kurzfristigen Schwankungen der öffentlichen Meinung von Tag zu Tag“ (45).

Nun gibt es keinen Zweifel daran, daß das Fernsehen den politischen Stil oder auch die politische Kultur verändert hat und daß es Einflüsse auf die politischen Interessen und Einstellungen der Bürger ausübt. Und sicher sind manche dieser Auswirkungen nach den Wertmaßstäben unserer Gesellschaft bedenklich. Das heißt aber noch nicht, daß wir die zitierten Äußerungen samt und sonders kritiklos hinzunehmen haben.

Stimmt es denn – so auch hier wieder unsere Frage –, daß sich beim Fernsehen alles, auch die Politik, in Unterhaltung verwandelt? Gewiß, es gibt auch bei uns – vorangetrieben durch das kommerzielle Fernsehen – Tendenzen, die Politik unterhaltsam zu servieren, und wenn sich diese Tendenzen fortsetzen und verstärken sollten, wäre das ein Grund zu Besorgnis. Noch aber gibt es im Fernsehen zahlreiche politische Sendungen, die man nicht als Show, als pure Unterhaltung bezeichnen kann und die trotzdem beachtliche Zuschauerzahlen aufweisen. Das kann aber doch nur heißen: Ernsthafte Politik ist im Fernsehen möglich.

Zu erwähnen ist ferner in diesem Zusammenhang, daß durch das Fernsehen viel mehr Menschen mit Politik in Berührung kommen als je zuvor. Die Vermutung erscheint nicht abwegig, daß das bei uns insgesamt starke und verbreitete politische Interesse unter anderem auf das Fernsehen zurückzuführen ist. Das Fernsehen hat also möglicherweise sogar gewisse positive Effekte im politischen Bereich. Dazu Eco:

„Der Überfluß an Informationen über die Gegenwart wird von Menschen aufgenommen, die vormals keinerlei Informationen über die Gegenwart erhielten (deshalb von verantwortungsvoller Mitwirkung am Gesellschaftsleben ausgeschlossen waren) und deren Kenntnis der Geschichte ausschließlich von den religiösen Ideologien und den traditionellen Mythen geprägt war" (46).

Insgesamt geht es uns auch bei diesem Themenkreis nicht darum, mögliche Gefahren und Schäden des Fernsehens abzustreiten. Wir wenden uns nur gegen fragwürdige Globalbehauptungen der Kulturkritik.

Fernsehnachrichten sind nutzlos und schädlich

„Ich gehe so weit zu behaupten, daß dem surrealistischen Rahmen der Fernsehnachrichten eine Theorie der Anti-Kommunikation zugrundeliegt, die einen Diskurstypus propagiert, der Logik, Vernunft, Folgerichtigkeit und Widerspruchslosigkeit preisgegeben hat. In der Ästhetik bezeichnet man diese Erscheinung zumeist als Dadaismus, in der Philosophie als Nihilismus, in der Psychiatrie als Schizophrenie. Die Theatersprache kennt sie unter dem Namen Varieté" (Postman) (47).

„So kommt es, daß die Amerikaner die am besten unterhaltenen und zugleich wahrscheinlich die am schlechtesten informierten Leute der westlichen Welt sind . . . Desinformation bedeutet irreführende Information – unangebrachte, irrelevante, bruchstückhafte oder oberflächliche Information –, Information, die vortäuscht, man wisse etwas, während sie einen in Wirklichkeit vom Wissen weglockt" (Postman) (48).

Die Nachrichten im Fernsehen (und in anderen Medien) sind seit Jahren Gegenstand kritischer Überlegungen und manchmal auch böser Polemik. Versuchen wir, die Vorwürfe etwas zu ordnen, so ergeben sich im wesentlichen vier Einzelthesen:

- Fernsehnachrichten sind nichts als Unterhaltung
- Fernsehnachrichten liefern nur Bruchstücke
- Wichtige und belanglose Meldungen stehen ohne erkennbare Gewichtung nebeneinander
- Fernsehnachrichten bestehen vorwiegend aus negativen Meldungen und erzeugen damit bei den Zuschauern die Vorstellung von einer schlimmen Welt.

Dazu jeweils einige kurze Anmerkungen:

Die These, *im Fernsehen gerate grundsätzlich alles zu Unterhaltung,* haben wir bereits als in dieser globalen Form nicht haltbar behandelt. Allerdings gilt im kommerziellen Fernsehen nun auch bei uns der Grundsatz, die Nachrichten seien unterhaltsam zu präsentieren: Die Sendung

> „APF blick versteht sich als aktuelles und vergnügliches Boulevard-Programm, das Information und Unterhaltsames in einem breiten Themenspektrum bietet" (Naeher) (49).

Fernsehnachrichten liefern nur Bruchstücke: Den Beginn dieser Entwicklung, den „Sündenfall" sieht Postman in der Erfindung der Telegraphie:

> „Entfesselt wurden diese bösen Geister des Diskurses dadurch, daß die Telegraphie der Idee der kontextlosen Information Legitimität verlieh, also der Vorstellung, daß sich der Wert einer Information nicht unbedingt an ihrer etwaigen Funktion für das soziale und politische Entscheiden und Handeln bemißt, sondern einfach daher rühren kann, daß sie neu, interessant und merkwürdig ist. Der Telegraph machte aus der Information eine Ware, ein ‚Ding',

das man ohne Rücksicht auf seinen Nutzen oder seine Bedeutung kaufen und verkaufen konnte“ (50).

Das hat dann auf alle Medien übergegriffen. Im Fernsehen schließlich resultiert diese Entwicklung in einer bruchstückhaften „Guckguck-Welt“:

> „Insgesamt brachte dieser Komplex elektronischer Technologien eine neue Welt hervor – eine Guckguck-Welt, in der mal dies, mal das in den Blick gerät und sogleich wieder verschwindet. In dieser Welt gibt es kaum Zusammenhänge, kaum Bedeutung; sie fordert uns nicht auf, etwas zu tun, ja, sie läßt es gar nicht zu; wie das Guckguck-Spiel der Kinder ruht sie abgeschlossen in sich. Und zugleich ist sie, wie das Guckguck-Spiel überaus unterhaltsam“ (Postman) (51).

Nun ist es freilich eine gewagte Behauptung, die Bruchstückhaftigkeit von Nachrichten habe erst mit der Telegraphie eingesetzt. Diese Erfindung mag zwar Tendenzen verstärkt und beschleunigt haben, aber Nachrichten haben schon immer den Charakter von Bruchstücken ohne Kontext und Hintergrund gehabt. Es liegt in der Natur von Nachrichten, daß sie immer nur kleine Ausschnitte aus einem unendlichen, kontinuierlichen Ereignisfluß herausgreifen. Wie war das denn früher? Auch damals erfuhr der Bürger kaum mehr, als daß „in der Türkei die Waffen aufeinanderschlagen“, daß ein Herrscher, ein Politiker einem Attentat zum Opfer fiel, daß ein Schiff gesunken war, daß ein Erdbeben tausende von Menschenleben gefordert hatte. Viel Kontext und Hintergrund boten die meisten Nachrichten auch früher nicht. Wir können heute nicht mehr ermessen, wieweit die Empfänger in der Lage waren, von sich aus diese Meldungen in den richtigen Kontext einzuordnen.

Im übrigen sei darauf hingewiesen, daß unser Fernsehen sich bemüht, in zahlreichen Sendungen, etwa in den politischen und Kulturmagazinen, im „Weltspiegel“ und „Auslandsjournal“, auch in den „Tagesthemen“ und im „heute journal“ das zu vertiefen und mit Kontext und Hintergrund zu versehen, was in den Nachrichten zwangsläufig bruchstückhaft erscheint.

Fernsehnachrichten bringen Wichtiges und Unwichtiges ununterscheidbar nebeneinander. Auch hier sieht Postman den Ursprung in der Telegraphie; mit dieser Erfindung begannen die Medien,

> „Belanglosigkeiten in den Rang von Nachrichten zu erheben“ (52).

> „Wir stehen hier vor der Tatsache, daß das Fernsehen die Bedeutung von ‚Informiertsein‘ verändert, indem es eine neue Spielart von Information hervorbringt, die man richtiger als *Desinformation* bezeichnen sollte. Ich gebrauche dieses Wort fast in demselben Sinne, wie Spione der CIA oder des KGB es benutzen. Desinformation ist nicht dasselbe wie Falschinformation. Desinformation bedeutet irreführende Information – unangebrachte, irrelevante, bruchstückhafte oder oberflächliche Information –, Information, die vortäuscht, man wisse etwas, während sie einen in Wirklichkeit vom Wissen weglockt“ (Postman) (53).

Diese Form von Information schildert Sloterdijk sehr anschaulich so:

> „Eine ungeheure Gleichzeitigkeit spannt sich in unserem informierten Bewußtsein aus: Hier wird gegessen; dort wird gestorben. Hier wird gefoltert; dort trennen sich prominente Liebende. Hier geht es um den Zweitwagen, dort um eine landesweite Dürrekatastrophe. Hier gibt es Tips zur Abschreibung nach § 7b, dort die Wirtschaftstheorie der Chicago-Boys. Hier toben Tausende im Pop-Konzert, dort liegt jahrelang eine Tote unentdeckt in ihrer Wohnung. Hier wer-

den die Nobelpreise für Chemie, Physik und Frieden verliehen; dort weiß nur jeder zweite den Namen des Bundespräsidenten. Hier werden siamesische Zwillinge erfolgreich getrennt; dort stürzt ein Zug mit zweitausend Menschen in einen Fluß ... Such is life. Als Nachricht ist alles verfügbar. Was Vordergrund ist, was Hintergrund; was wichtig, was unwichtig; was Trend, was Episode: alles reiht sich in eine gleichförmige Linie, worin Gleichförmigkeit auch Gleichwertigkeit und Gleichgültigkeit erzeugt" (54).

Dieses Bild ist sicher überzeichnet, aber es mag im wesentlichen zutreffen. Sehr problematisch wird es freilich, wenn aus solchen Überlegungen nun schlicht und einfach gleich auch Behauptungen darüber abgeleitet werden, wie sich das alles auf die Menschen und ihre Vorstellungen von der Welt auswirkt. Die Sozialforscher gehen heute davon aus, daß der Mensch, der sich Fernsehsendungen ansieht oder Radio hört oder Zeitung liest, nicht etwa ein rein passives, alles in sich hineinfressendes Wesen ist, sondern daß er an die Medien – wie an seine gesamte Umwelt überhaupt – aktiv und selektiv herangeht; er beachtet das, was ihm etwas bedeutet, was ihn „anspricht", und er läßt anderes unbeachtet. Hier liegt denn auch eine Schwachstelle in der Argumentation von der Kette des Gleichförmigen im Fernsehangebot. So richtig diese Beobachtung sein mag, so voreilig wäre der Schluß, daß der Zuschauer dies auch so erlebt. In diese Abfolge des Gleichen trägt er vielmehr von sich aus Bedeutung, Gewichtung, Akzente hinein, und das bedeutet: für ihn als erlebendes Subjekt ist das nicht mehr ein ungewichtetes Nebeneinander. Wir müssen hier also unterscheiden zwischen dem Angebot als solchem und dem, was der Mensch für sich daraus macht. Auf ihn kommt es in erster Linie an, wenn es darum geht, aus Bruchstücken ein Ganzes zu machen. Eine schwierige Aufgabe zweifellos. Die Medien können dabei helfen. Lösen muß die Aufgabe der Rezipient selbst. Darüber, wie und wieweit die Menschen heute diese Aufgabe bewältigen, wissen wir bislang nur sehr wenig.

Fernsehnachrichten bringen vor allem negative Meldungen, und das hat bedenkliche Auswirkungen. Den Anfang dieses Übels sieht Postman wiederum in der Erfindung des Telegraphen:

> „Kriege, Verbrechen, Unfälle, Feuersbrünste, Überschwemmungen – häufig nichts weiter als das soziale oder politische Pendant zu Prinzessin Adelheids Keuchhusten – bildeten von nun an den Inhalt dessen, was man die ‚Tagesnachrichten' nannte" (55).

Daraus könnte man schließen, vor der Telegraphie hätte es vornehmlich positive Nachrichten gegeben. So war es nun aber doch nicht:

> „Die Volksballade erhielt neue Impulse durch das *Zeitungslied* (15./16. Jh.). Dieses wurde von Sängern öffentlich vorgetragen und anschließend als Flugblatt verkauft. Es berichtete, den Wünschen des Publikums entsprechend, über Verbrechen, Unglücksfälle, über alles, was Gruseln machte und rührte, und zwar mit genauer Angabe von Ort, Zeit und Personen" (van Rinsum) (56).

Es ist unbestritten, daß früher wie heute in den Nachrichten die negativen Meldungen das Feld beherrschen. Positive Ereignisse haben in der Regel einen geringeren „Nachrichtenwert". Das hat zunächst und ursprünglich nichts mit „Sensation" (im abfälligen Wortsinn) zu tun, sondern diese „einseitige" Auswahl hat ihre psychologisch-anthropologischen Gründe:

Der Mensch als biologisch „unterentwickeltes" Wesen kann sich nur behaupten, wenn er ständig bereit ist, mit Hilfe seiner nur ihm eigenen Fähigkeiten – Abstraktion, Sprache, Triebaufschub, Distanz zur Umwelt – neue Situationen flexibel zu bewältigen. Seine Existenz ist darauf angelegt, Bedrohungen zu erkennen und ihnen zu begegnen. Solange das Leben seinen normalen Gang geht, ist der Mensch in der Regel wenig von außen gefährdet. Bedrohlich ist dagegen alles Neue, Besondere, Außergewöhnliche. Ihm muß seine Beachtung gelten. Ganz urtümlich zieht also alles, was aus dem Rahmen des Alltäglichen und Normalen herausfällt, die Aufmerksamkeit auf sich, es fasziniert. Die Psychologie hat eine Reihe von Merkmalen in der Wahrnehmungswelt herausgearbeitet, die von sich aus die unwillkürliche Aufmerksamkeit auf sich lenken; dazu gehört insbesondere: Bewegtes und Veränderliches; alles, was sich von seiner Umgebung abhebt; Starkes und Großes, Lautes und Eindringliches; alles Neue, Seltene, Ungewohnte und Unerwartete. Schon von der Wahrnehmung her ist also der Mensch darauf eingestellt, das Außergewöhnliche – und das ist in der Regel eher das Negative – zu beachten.

Wir haben also Grund zu der Annahme, daß für den Menschen das Negative ganz urtümlich mehr Interesse, Beachtung, Aufmerksamkeit auf sich zieht als das Positive. So ist es wohl auch zu erklären, daß die Themen der Weltliteratur von Anbeginn eher bei „negativen" Ereignissen liegen, angefangen bei Homer über das Alte Testament, Dante und Shakespeare bis hin zur Moderne. So gesehen überrascht es nicht im geringsten, wenn nun auch die modernen Massenmedien vornehmlich „negative" Nachrichten bringen. Jeden Tag Positives zu berichten wie etwa „Heute sind wieder alle Flugzeuge glücklich gelandet", würde schnell zu Protesten von seiten der Rezipienten führen.

Allerdings ist dem anzufügen, daß manche Kommunikatoren, Werbeleute, Propagandisten und geschäftstüchtige Agenten aus der Faszination des Besonderen und Negativen mit Erfolg Kapital schlagen. Das ist dann die berüchtigte Sensations-Mache, die heute einen Teil der Medien beherrscht. Sofern sich die Kritiker auf diesen Aspekt beziehen, ist ihnen zuzustimmen.

Freilich, es geht auch anders: In den meisten Ostblockländern überwiegen (von einer Zentrale gesteuert) in den Nachrichten positive Meldungen, vor allem über Erfolge beim sozialistischen Aufbau und über die brüderlichen Beziehungen zu den Gesinnungsfreunden in anderen Staaten. Allerdings, die Rezipienten betrachten diese Berichterstattung als ebenso langweilig wie unglaubwürdig. Sie wenden sich, wo immer möglich, den „westlichen“ Medien mit ihren „negativen“ Nachrichten zu.

An die Feststellung, daß „negative“ Nachrichten besonders attraktiv sind und in großem Ausmaß genutzt werden, schließt sich die Frage an, wie sich das auswirkt: Müssen nicht die Menschen bei dieser Sachlage ein „verzerrtes“ Bild von der Welt bekommen, das Bild von einer schlimmen, gefährlichen, bedrohlichen Welt? Dieser Wirkungsfrage werden wir in einem späteren Abschnitt etwas genauer nachgehen. Dort wird sich zeigen, daß derartige Folgen „negativer“ Nachrichten keineswegs auszuschließen sind, daß aber auch hier die Wirkungsprozesse nicht so einfach und direkt verlaufen, wie oft angenommen wird.

Die Informationsflut überwältigt die Menschen

Kulturkritiker befürchten:

> „In vermehrtem Maße also ist der Mensch Informationen ausgesetzt, die er nicht zu überblicken, mithin nicht zu kontrollieren vermag. Er konsumiert einen immer höheren Anteil aller Informationen und ist immer weniger in der Lage, Informationen selbst zu geben, wie dies im Alltagsgespräch, in der Familie, in der Nachbarschaft, am Arbeitsplatz geschieht. Soziale Orientierung wird somit schwieriger, je größer der Anteil vermittelter Informationen ist“ (Atteslander) (57).

„Die Informationsüberflutung könnte eine ‚völlige Desorientierung der Gesellschaft und der einzelnen Menschen zur Folge haben'" (Moser) (58).

„Die Bevölkerung wurde mit Unmassen widersprüchlicher Versionen zunehmend komplexerer Ereignisse überschüttet. Dieses Zuviel an Information stumpfte das Bewußtsein ab, anstatt es zu schärfen: Übersättigung" (Mander) (59).

Mit dem Fernsehen hat die Informationsflut ihren Höhepunkt erreicht. Diesem Medium schreiben deshalb die Kulturkritiker die Hauptverantwortung für die aus ihrer Sicht verhängnisvolle Entwicklung zu.

Auch hier sieht Postman den Beginn des Übels in der Telegraphie: Diese Erfindung führte dazu, daß die Informationen keine Bedeutung mehr für das Handeln der Menschen haben; vielmehr hat sich laut Postman

„die Beziehung zwischen Information und Handeln verflüchtigt und ist ungreifbar geworden. Denn zum erstenmal in der Geschichte stehen die Menschen vor dem Problem, daß sie mit Informationen übersättigt sind, und damit gleichzeitig vor dem anderen Problem, daß sich ihre soziale und politische Handlungsfähigkeit verringert hat . . . Das ist der große Kreislauf der Ohnmacht: Die Nachrichten entlocken uns eine Vielfalt von Meinungen, mit denen wir nur eines tun können – sie wiederum als Stoff für weitere Nachrichten anbieten, mit denen wir ebenfalls nichts anfangen können. Vor dem Zeitalter der Telegraphie war die Verbindung zwischen Information und Handlungsfähigkeit noch so eng, daß die meisten Menschen glaubten, zumindest einige der Wechselfälle ihres Daseins beherrschen zu können. Worüber die Menschen Bescheid wußten, das hatte einen Handlungswert. In der Informationswelt, die die Telegraphie hervorgebracht hat, ist das Gefühl, handlungsfähig zu sein, gerade deshalb verlorengegangen, weil die ganze Welt zum Kontext für die Nachrichten geworden ist. Von nun an ging jeden alles an. Zum ersten Mal wurden uns Informationen übermittelt, die lauter Antworten auf ungestellte Fragen gaben und die uns jedenfalls kein Recht zur Erwiderung einräumten" (60).

Wiederum regen sich bei uns Zweifel: War das früher wirklich so? War die Verbindung zwischen Information und Handeln tatsächlich so eng? Hatte alles, worüber die Menschen Bescheid wußten, einen Handlungswert? Ich meine, derartige Fragen lassen sich gar nicht empirisch beantworten, einfach weil uns unmittelbare Einblicke in das Erleben und die Entscheidungsprozesse früherer Generationen verwehrt sind. Die indirekten Zeugnisse darüber kommen fast ausnahmslos aus der gebildeten Oberschicht. Und so wenig wir diese Fragen beantworten können, so wenig ist es berechtigt, wenn Kulturkritiker vorgeben, genau zu wissen, wie es einst war.

Doch nun zur „Informationsflut": Die Menge der angebotenen Informationen steigt ständig an, nicht zuletzt auch durch die bei uns neuen privatwirtschaftlich betriebenen Rundfunkprogramme. Die Besorgnisse, daß die Menschen von dieser Lawine überrollt werden, sind also verständlich. Aber auch hier liegen die Verhältnisse nicht ganz so einfach und eindeutig, wie sie zunächst erscheinen.

In der These von der nicht mehr zu bewältigenden Informationsflut steckt implizit die Vorstellung, je mehr Informationen angeboten würden, um so mehr würden sie auch genutzt. Die Daten der Medienforschung zeigen jedoch, daß diese Gleichung nicht aufgeht. Trotz ständiger Erweiterung des Programmangebotes ist bei uns die durchschnittliche Sehdauer seit vielen Jahren außerordentlich stabil. Und auch die neuen kommerziellen Programme bringen – zumindest bei Erwachsenen – nur einen geringen Zuwachs in der Sehdauer mit sich.

Es wäre also verfehlt, von mehr Angebot einfach auf entsprechend mehr Nutzung und damit auf eine Überforderung zu schließen.

Auch aus psychologischer Perspektive erscheint die These von der Überwältigung durch Informationen nicht ganz so einfach und einlinig. Allerdings, wer noch der alten Lehre anhängt, der Mensch reagiere passiv-mechanistisch nach dem Reiz-Reaktions-Schema und sei demnach allen Sinnesreizen und Informationen hilflos ausgeliefert, muß zu dem Schluß kommen, der Mensch von heute sei total überfordert, er müsse angesichts der Informationsflut zusammenbrechen oder abstumpfen. Versteht man dagegen den Menschen als aktiv und selektiv wahrnehmend und interpretierend, dann ergibt sich ein wesentlich anderes Bild: Indem der Mensch aus der Fülle von Eindrücken nur das aufnimmt und verarbeitet, was für ihn (aus welchen Gründen auch immer) bedeutsam ist, steht ihm ein wirksamer Selbstschutz, ein Abwehrmechanismus zur Verfügung, der verhindert, daß das Individuum überlastet wird. Die Menge der zu verarbeitenden Informationen wird auf ein erträgliches Maß reduziert. Nur in seltenen Ausnahmefällen, bei ganz spezifischen Faktorenkonstellationen wird es so weit kommen, daß ein Mensch unter der Last der Informationsfülle zusammenbricht:

> „Die These vom Informationsüberfluß sieht – quantitativ definiert – den Einzelnen wie ein System, das unmittelbar in Gefahr ist, zusammenzubrechen, weil ihm mehr Informationen aufgeladen werden, als es verarbeiten kann. Ein derartiges Modell ist jedoch irreführend, weil es erstens eine Situation für neu hält, wie sie ständig gegeben war, und weil es zweitens die zahlreichen vermittelnden Mechanismen außer acht läßt, die den Menschen und die Gesellschaft befähigen, dieses Problem zu bewältigen. Es hat auch in der Vergangenheit stets mehr an möglicherweise relevanter Information gegeben als die Menschen Zeit hatten zu regi-

> strieren und zu verarbeiten, weshalb sie, auf der individuellen Ebene, schon immer auf Praktiken der selektiven Wahrnehmung vertrauten“ (Blumler) (61).

Noch ein weiterer Faktor erleichtert den Umgang mit der Informationsflut: Die Informationen, die von den Medien angeboten werden, bilden nicht etwa eine amorphe Masse; es gibt eine Reihe von „Agenturen“, die die anfallenden Informationen vorsortieren, ordnen, kategorisieren. Gattungsbegriffe wie „Nachrichten“, „Kommentar“, „Sportschau“, „Werbung“, „Kulturmagazin“ und viele andere dienen diesem Zweck. Auch auf diesem Wege wird also die Komplexität reduziert. In unserer Gesellschaft

> „befreien professionelle Informationssammler und -verbreiter die Verbraucher von der immensen Last, alles überblikken zu müssen, bevor die wenigen Informationen heraussortiert werden, die relevant genug sind, um Beachtung zu finden“ (Downs) (62).

Ganz so verloren, wie manche Kulturkritiker meinen, ist der Mensch gegenüber der Informationsfülle also nicht.

Nicht die Quantität, sondern die Art der Informationen bereitet dem Rezipienten Schwierigkeiten. Die Bruchstückhaftigkeit, von der schon die Rede war, ist wohl das Hauptproblem. Der Mensch ist vermutlich in vielen Fällen nicht in der Lage, Einzelinformationen so in größere Zusammenhänge einzuordnen, daß sie einen Sinn ergeben und damit auch nützlich werden.

Der Mensch erlebt die Welt nur noch durch Sekundärerfahrung (63)

Kulturkritiker behaupten:

> Mit dem Fernsehen „war Amerika zur ersten Kultur geworden, die die direkte Erfahrung der Welt durch sekundäre, vermittelte Versionen der Erfahrung ersetzt hatte ... Als das Fernsehen für die meisten Amerikaner zum wichtigsten geistigen und physischen Erfahrungsfeld wurde, als es immer enger mit der Lebensumwelt verwuchs, nahm die Verwechslung der Information durch das Fernsehen mit der direkten Erfahrung im weiteren und eigentlichen Sinn sprunghaft zu“ (Mander) (64).

> „Was wir von der Welt sehen, hören, schmecken, riechen, fühlen und verstehen, ist für uns künstlich aufbereitet worden. Unsere Welt-Erfahrung kann nicht mehr direkt – oder primär – genannt werden. Es ist eine sekundäre, vermittelte Erfahrung“ (Mander) (65).

> „Die reale Welt, die nicht in Frage gestellt werden kann, ist von einer künstlichen, menschengeschaffenen Welt völlig überlagert worden. Wir leben in einer Umwelt, die aus Manifestationen menschlichen Bewußtseins besteht ... Wir nennen das Erfahrung, aber wir können nicht mehr sagen, ob das unsere Erfahrung ist oder etwas anderes. Es ist in unsere Köpfe gelangt, aber wir wissen nicht mehr, ob es real ist oder nicht“ (Mander) (66).

Fernsehen liefert Sekundärerfahrung. Das ist die Aufgabe aller Massenkommunikation. Kulturkritiker jedoch benutzen den Begriff „Sekundärerfahrung“ abwertend: „Sekundär“ ist gegenüber „primär“ minderwertig. Somit ist auch Sekundärerfahrung durch Fernsehen bedenklich. Nach Ansicht der Kritiker erlebt der Mensch die Welt nur noch technisch vermittelt; die wertvolle Primärerfahrung verkümmert; eine der schlimmen Folgen des Fernsehens besteht darin, daß der Mensch verlernt, die Wirklichkeit zu begreifen.

Auch diese These erscheint so plausibel, daß man geneigt ist, sie einfach hinzunehmen. Bei genauerem Durchdenken erweist sich aber auch hier manches als zweifelhaft und fragwürdig.

Wieso ist eigentlich die Erfahrung „aus zweiter Hand“ der Primärerfahrung unterlegen? Um das zu prüfen, greifen wir auf einige Einsichten von Anthropologie und Psychologie zurück.

Der Mensch als biologisch minderbemitteltes Wesen kann sich nur behaupten, weil er zwischen sich und die Gegenstände einen Hiatus setzen, weil er auf unmittelbare Befriedigung seiner Triebe und Bedürfnisse verzichten kann, weil er Distanz zur Welt haben kann, und weil er die Dinge zu Objekten machen kann, und das heißt, daß der Mensch – soweit wir das sehen können – als einziges Wesen in der Lage ist, sich vom Hier und Jetzt zu lösen. Und das wiederum heißt, er hat Zukunft und Vergangenheit, er hat Geschichte, und er kann planen. Die entscheidende Fähigkeit dabei ist die: Der Mensch kann abstrahieren und generalisieren. Und das äußert sich darin, daß der Mensch Sprache im Sinne von Symbolsprache hat. Abstrahieren können und Sprache haben, das eben sind nun auch die Voraussetzungen dafür, daß der Mensch Sekundärerfahrungen machen kann. Solche Erfahrungen aus zweiter Hand sind also – wenn man so will – dem Menschsein inhärent, oder anders formuliert: ohne Sekundärerfahrung ist der Mensch nur sehr bedingt Mensch.

Durch Sekundärerfahrung überwindet der Mensch die Beschränkung auf das Hier und Jetzt. Als Gegenstück zur direkt erfahrbaren „Nahwelt“ erschließt er sich eine „Fernwelt“ in Raum und Zeit. So gesehen sind die Medien großartige Instrumente, um mehr von der Welt zu erfahren, als durch Primärerleben möglich ist. Was wüßten wir denn von fernen Ländern und vergangenen Zeiten, gäbe es keine Medien? Das Fernsehen ist somit wesentlich ein Vermittler von Fernwelt. Wir hätten also unter diesem Aspekt Grund, dieses Medium hoch zu schätzen. Die meisten Zuschauer tun das auch, indem sie es umfänglich nutzen. Die Faszination des Fernsehens ist sicher auch darin begründet, daß es den Menschen den Zugang zu Fernwelten öffnet, die ihnen sonst verschlossen blieben.

Nach alledem ist es somit nicht berechtigt, zwischen der Primär- und der Sekundärerfahrung ein Verhältnis von Über- und Unterordnung, von wertvoll und zweitrangig, gut und bedenklich zu konstruieren. Beide Formen des Welterfahrens haben wir uns als auf der gleichen Ebene liegend und einander ergänzend vorzustellen.

Die Kulturkritiker sehen das allerdings anders. Für sie hat die Primärerfahrung eindeutig höheren Rang und Wert. Von dieser Prämisse kommen sie folgerichtig zu der Ansicht, Fernsehen sei schädlich, nicht nur, weil es Erfahrung „aus zweiter Hand" bietet, sondern vor allem auch, weil dieses Medium – wie sie meinen – immer mehr die Primärerfahrung verdrängt und ersetzt.

Wie steht es damit tatsächlich? Wie die Daten der Zuschauerforschung zeigen, ist Fernsehen der Bundesbürger liebste Freizeitbeschäftigung: Rund zwei Stunden täglich widmen sie im Durchschnitt diesem Medium. Ohne Zweifel spielt also schon von der Quantität her das Fernsehen eine wichtige Rolle im Leben der Menschen. Dennoch ist die Behauptung gewagt, das Fernsehen verdränge die Primärerfahrung. Zwei Stunden sind zwar eine ganze Menge, aber eben doch nur ein kleiner Teil des wach gelebten Tages. Es bleibt den Menschen immer noch reichlich Zeit, um eine Fülle von Primärerfahrungen zu machen, beim Einkaufen, auf dem Weg zur Arbeit, in Büro und Werkstatt, auf dem Sportplatz, auf Reisen, in der Begegnung mit Fremden und Bekannten. Da kann man wohl kaum von einem Ersetzen der Primär- durch Sekundärerfahrung sprechen. Aber auch die tägliche Fernsehzeit ist eine genauere Betrachtung wert. Was würden die Menschen mit dieser Zeit anfangen, wenn es kein Fernsehen gäbe? Aufschlußreiche

Hinweise dazu liefert uns die Forschung aus der Anfangszeit des Fernsehens, auch wenn sie noch nicht so exakte Daten produzierte wie heute. Damals konnte man beobachten, welche Tätigkeiten die Menschen einschränkten, um sich die Zeit fürs Zuschauen zu verschaffen. Einbußen erlitten vor allem das Radiohören, der Kinobesuch und das Lesen von Zeitschriften, während die Aktivitäten und Hobbies, so beispielsweise auch der aktive Sport kaum oder gar nicht beeinträchtigt wurden. Etwas vergröbert und verkürzt kann man sagen: Das Fernsehen, dieser übel beleumdete Lieferant von Sekundärerfahrung, verdrängte ganz überwiegend Tätigkeiten, die ebenfalls Sekundärerfahrung darstellen. Auch von dieser Seite her erweist sich somit die These, das Fernsehen ersetze die Primärerfahrung, als wenig fundiert.

Ein weiteres Argument, das die Kulturkritiker häufig ins Feld führen, lautet: Fernsehzuschauer halten die Bildschirmwelt für die wirkliche Wirklichkeit; sie können nicht zwischen diesen beiden Welten unterscheiden.

Dem ist entgegenzuhalten: Erwachsene wissen in der Regel sehr wohl zu unterscheiden. Um das zu begründen, ist ein psychologisches Konzept hilfreich, das zwar nicht neu ist, in unserem Zusammenhang aber kaum einmal mitbedacht wird: das Konzept vom Bezugsrahmen, vom Mitgewußten. Jedes Erleben, jede Wahrnehmung – also auch das Erleben von Vorgängen auf dem Bildschirm – vollzieht sich für das Subjekt immer innerhalb eines bestimmten Bezugsrahmens. Wie ist das zu verstehen?

Wo immer ein Mensch sich befindet, erlebt und interpretiert er seine Umwelt in einer bestimmten Einstellung, und die entsteht weitgehend aus dem, was der Mensch über seine jeweilige Situation „weiß". Er weiß, wo er sich befindet, welche Zeit es ist, welches Verhalten die anderen von ihm erwarten, und noch vieles mehr. All das ist ihm zwar nicht immer voll und wach bewußt, es ist oft nur „mit-gewußt", aber es ist ständig da, bildet einen „Bezugsrahmen“ und beeinflußt das Erleben und Handeln. Derselbe Gegenstand ist für den Menschen bei verschiedenen Einstellungen ein je anderer. So auch, wenn er denselben Dingen, Personen, Vorgängen einmal in der realen Welt und das andere Mal im Fernsehen begegnet.

Fernsehen ist technisch vermitteltes Sekundärerleben. Und das weiß der Zuschauer; diesem Geschehen gegenüber hat er eine andere Einstellung als gegenüber der Realität. In der Regel unterscheidet er durchaus zwischen der „wirklichen Wirklichkeit“ und der Fernsehwelt. Ein Zuschauer mag noch so sehr gefesselt sein von dem, was ihm da begegnet, er mag sich noch so sehr mit einem Fernsehhelden identifizieren, mit ihm leiden, hoffen, genießen – immer schwingt doch das Wissen mit, daß dieses Geschehen nicht real passiert, nicht in der Welt, in der er selbst lebt, sondern daß er eben nur Zuschauer ist, Beobachter eines Vorganges, der in einer anderen Welt abläuft. So wird er auch gar nicht erst versuchen, den Moderator in ein Gespräch zu verwickeln oder in einem Krimi Bedrohte zu warnen oder zu schützen.

Allerdings, dieses Mitgewußte muß erst gelernt werden. Das heißt: Diese Überlegungen gelten für Erwachsene und Jugendliche, nicht aber für Kinder. Den Bezugsrahmen „Das ist ‚nur‘ Fernsehen“, hat das Individuum erst, wenn es im Laufe seiner Entwicklung gelernt hat, daß die Welt, die auf dem Bildschirm erscheint, eine andere ist als die, in der die Menschen real leben. Das Kind kann also zunächst nicht zwischen der Medienwelt und der „wirklichen Wirklichkeit“ unterscheiden. Kinder sind deshalb in besonderem Maße und auf eigene Weise dem ausgesetzt, was ihnen im Fernsehen begegnet. Sie sind durch die Sekundärerfahrung des Fernsehens gefährdet.

Ansonsten jedoch läßt sich die These, der Mensch von heute lebe nur noch in einer technisch vermittelten Welt und die wertvolle Primärerfahrung ginge verloren, nicht aufrechterhalten.

Das Fernsehen vermittelt ein falsches Bild von der Welt

Unser Bild von der Welt ist zu wesentlichen Teilen durch das bestimmt, was uns die Medien vermitteln. Nach allgemeiner Überzeugung steht dabei das Fernsehen an der Spitze, vor allem wegen seiner attraktiven und eingängigen audio-visuellen Präsentationsweise. Zwar tut sich die Forschung schwer damit, im einzelnen nachzuweisen, welcher Anteil bei der Formung von Weltvorstellungen diesen Medien zuzuschreiben ist; daran jedoch, daß das Fernsehen – als ein Faktor unter mehreren – die Weltsicht der Menschen beeinflußt, zweifelt wohl kaum jemand. – Ein gutes Stück weiter geht nun die Annahme, das Fernsehen vermittle *falsche* Vorstellungen von der Realität. Was ist damit gemeint und wie steht es damit tatsächlich?

Wie zahlreiche Inhaltsanalysen zeigen, weicht die Welt des Fernsehens in einer Reihe wichtiger Merkmale von der „wirklichen Wirklichkeit“ ab. Kritiker pflegen das – abwertend – so auszudrücken: Die Fernsehwelt ist gegenüber der objektiven Realität „verzerrt“. So sind in der Fernsehfiktion – um nur einige wenige Beispiele zu nennen – Frauen, ältere Leute, Arbeiter, Arbeitslose deutlich unterpräsentiert; Männer, Ärzte, Rechtsanwälte kommen überdurchschnittlich häufig vor; bestimmte Minderheiten erscheinen fast gar nicht im Fernsehen; Gewaltkriminalität spielt auf dem Bildschirm eine bei weitem größere Rolle als in der Realität – kurz, wann und wo immer wir die beiden Welten messend miteinander vergleichen können, kommen wir zu dem Ergebnis: Die Fernsehrealität ist eine Welt für sich, eine Welt, in der die Akzente der Beachtung und damit auch der Gewichtung deutlich anders gesetzt sind als in der objektiven Realität. Schwieriger wird ein solcher Vergleich allerdings, wenn es um die Themen und Probleme und schließlich auch um die Wertorientierungen geht: In diesen Bereichen fehlen weithin die verläßlichen Meßinstrumente sowie die Kriterien für den Vergleich zwischen den beiden Welten. Aber auch hier können wir davon ausgehen, daß die Fernsehwelt eine andere ist als die reale Welt.

Es wäre reizvoll, an dieser Stelle der Frage nachzugehen, *warum* denn die Fernsehwelt (und nicht nur sie, sondern die gesamte Medienwelt und schließlich auch die Welt in der Literatur aller Zeiten) immer in bestimmten Richtungen von der „wirklichen Wirklichkeit" abweicht. Doch das würde zu weit von unserem eigentlichen Thema wegführen.

Die entscheidende Frage, die Kulturkritiker und Wissenschaftler gleichermaßen beschäftigt, ist nun die nach den Auswirkungen der „verzerrten" Fernsehwelt auf die Vorstellungen der Menschen von der objektiven Realität. Wenn die Welt, die auf dem Bildschirm erscheint, gegenüber der „wirklichen" Welt „falsch" ist und wenn die meisten Menschen täglich dieser Fernsehwelt begegnen, dann müssen – so der Schluß – die Vorstellungen von der Welt sich im Laufe der Zeit denen auf dem Bildschirm annähern; und das würde heißen: Das Fernsehen vermittelt den Zuschauern ein falsches Bild von der Realität.

Der Frage, ob diese – zunächst hypothetisch abgeleitete – These haltbar ist, ging George Gerbner an der Universität von Philadelphia in langwierigen Untersuchungen nach. Seine Methoden wie auch die Ergebnisse sind in Fachkreisen umstritten, aber niemand, der sich mit diesem Problemkreis befaßt, kommt mehr um diese Studien herum. Stark verkürzt und vereinfacht ergibt sich dieses Bild:

Gerbner untersuchte inhaltsanalytisch, wie die Welt im amerikanischen Fernsehen beschaffen ist, mit dem Resultat: Die dort gezeigte Welt ist schlimm, böse, gefährlich. Auf der anderen Seite untersuchte er, wie die Fernsehzuschauer die reale Welt sehen, welche Vorstellungen sie von der „wirklichen Wirklichkeit" haben. Dabei verglich er die Vielseher mit jenen

Zuschauern, die normal oder nur wenig fernsehen. Die Daten entsprachen den Erwartungen: Vielseher haben ein deutlich schlechteres Bild von der Welt als Normal- und Wenigseher. Damit sah Gerbner seine Hypothese bestätigt. Allerdings, zwingend ist dieser Schluß keineswegs, und hier setzt die Kritik an Gerbners Interpretation an: Es handelt sich bei den Daten nicht um einen Kausalnachweis, sondern um Korrelationen, die sich durchaus auch anders interpretieren lassen. Nicht: Die Menschen haben ein schlechtes Vorstellungsbild von der Welt, weil sie so viel fernsehen; sondern: Menschen, die die Welt schlimm finden, neigen (aus Gründen, die genauer zu untersuchen wären) dazu, besonders viel fernzusehen. Außerdem haben Gerbners Kritiker darauf hingewiesen, daß die Vielseher erwiesenermaßen in den unteren Bevölkerungsschichten anzutreffen sind und daß diese Schichten in Stadtteilen wohnen, in denen das Leben schlechter und unsicherer ist, so daß die Vielseher möglicherweise ihr negatives Weltbild gar nicht vom Fernsehen beziehen, sondern aus ihrer realen Alltagserfahrung.

Nach allem, was wir heute über Medienwirkungsprozesse wissen, müssen wir generell annehmen, daß das Fernsehen die Vorstellungen der Menschen von der Welt mitprägt. Ob und wieweit diese Vorstellungen „falsch" sind, läßt sich nur schwer eindeutig bestimmen. Auf alle Fälle wäre es verfehlt, direkt vom Inhalt der Fernsehprogramme auf genau entsprechende Wirkungen beim Rezipienten zu schließen. So einfach verlaufen die Prozesse in der Massenkommunikation nicht. Zuviele Faktoren (intervenierende Variablen) spielen bei den Medienwirkungen mit. Eben deshalb hat die Wirkungsforschung noch ein weites und steiniges Feld zu beackern.

Fernsehen macht die Menschen passiv (67)

Kritiker behaupten:

„Das Fernsehen unterdrückt und ersetzt die schöpferische Phantasie der Menschen, verstärkt die Massenpassivität und trainiert die Menschen auf die Bejahung von Autoritäten. Es ist ein Instrument zur Verwandlung der Menschen in genau die Geschöpfe, die es ihnen ständig vorsetzt“ (Mander) (68).

„Die nicht-personale Kommunikation macht aufgrund der Dimension der Massenmedien den Zeitgenossen zum passiven Weltbürger“ (Wölber) (69).

Statt etwas „Vernünftiges“ zu tun, statt aktiv und produktiv zu sein, statt die eigene Phantasie und Kreativität zu nutzen und zu pflegen, statt sich mit selbständigem Denken eigene Meinungen zu bilden, verbringen die meisten Menschen einen beträchtlichen Teil ihrer freien Zeit damit, vor dem Bildschirm zu sitzen und fertige Produkte zu konsumieren. Fernsehen macht die Menschen passiv; so die Ansicht der Kulturkritiker.

Sehen wir uns diese Argumente genauer an, so stellen wir fest, daß „passiv“ offensichtlich mehrere verschiedene Bedeutungen haben kann. Wenn wir also untersuchen wollen, ob das Fernsehen wirklich zu „Passivität“ führt, müssen wir begrifflich differenzieren. Drei Bedeutungen sind es vor allem, die in der kulturkritischen Diskussion über die Wirkungen des Fernsehens zu hören sind:

– Fernsehen ersetzt das aktive Gestalten durch passives Rezipieren
– Als Folge des Fernsehens verkümmert die Phantasie
– Fernsehen ersetzt eigene Meinungen durch fremde, von außen aufgeprägte.

Diese drei Behauptungen wollen wir kurz auf ihre Stichhaltigkeit prüfen.

Mit dem Fernsehen ersetzen die Menschen das aktive Gestalten, das Selbsttun durch Rezeption. Das klingt einleuchtend und unproblematisch, erweist sich aber schnell als komplex und fragwürdig:

Zunächst einmal dürfen wir nicht übersehen, daß keinesfalls jedes In-die-Welt-Hineinwirken, jede Aktivität im Sinne äußerer Tätigkeit wertvoll ist. Es gibt auch böse Taten; und ebenso gibt es leerlaufende Betriebsamkeit. Zweitens aber – und das erscheint uns sehr viel wichtiger: Ist denn ein Mensch, der sich äußerlich untätig verhält, wirklich passiv? Wenn überhaupt, dann doch wohl nur ganz äußerlich eben in dem Sinne, daß er nicht tätig in die Welt hineinwirkt. Wollte man ein solches äußeres Untätigsein als Passivität bezeichnen, so müßte man den über einem Problem grübelnden Gelehrten ebenso passiv nennen wie den sinnenden Dichter, den Lesenden ebenso wie den Theater- oder Konzertbesucher und schließlich den Menschen im Kino ebenso wie den Rundfunkhörer und Fernsehzuschauer. Ohne lange Erörterungen wird deutlich, daß ganz offensichtlich das Wort „passiv" überdehnt, wenn nicht gar schon fast sinnentleert wird, wollte man jeden Menschen, der sich äußerlich nicht rührt, passiv nennen. Die einfachste Selbstbeobachtung lehrt uns, wie tätig, wie beschäftigt, wie angespannt wir innerlich sein können, auch und gerade dann, wenn wir äußerlich nichts tun. Jeder Erzähler, jeder Lehrer weiß, daß physische Reglosigkeit ein Symptom für stärkste innere Beteiligung, für psychisch-geistige Aktivität sein kann.

An dieser Stelle erscheint es angebracht, das Thema „Passivität" in einem kleinen Exkurs noch etwas tiefer auszuloten und zu fragen, was denn ganz allgemein anthropologisch-psychologisch unter „Passivität" (und „Aktivität") zu verstehen ist. Versuchen wir, diese Frage im Sinne der modernen Anthropologie zu beantworten, so kommen wir zu der zunächst vielleicht überraschenden Feststellung, daß es im menschlichen Bereich eine totale Passivität überhaupt nicht gibt. Diese Behauptung läßt sich in aller Kürze an der Frage erhellen, worin sich denn der Mensch wesentlich und wesenhaft vom Tier unterscheidet. Bei aller sonstigen Verschiedenheit der Sichtweise stimmen Psychologen, Biologen, Soziologen und Anthropologen heute weitgehend darin überein, daß die üblicherweise aufgezählten spezifisch menschlichen Charakteristika wie Intelligenz, Beherrschung des Feuers, systematische Verwendung von Werkzeugen, ja auch die Symbolsprache und Fähigkeit zum Abstrahieren zwar durchweg den Menschen charakterisieren und vom Tier abheben, jedoch mehr als Symptome oder Äußerungen noch tieferliegender Wesensmerkmale denn als die Grundmerkmale selbst zu verstehen sind. Die grundsätzliche Verschiedenheit von Mensch und Tier – bei aller Berücksichtigung einer Fülle von biologischen Gemeinsamkeiten – ist im Verhältnis zur Welt zu sehen:

Das Tier ist reiz- und dranggebunden, umwelt- und augenblicksverhaftet. Ganz anders der Mensch: Er ist konstitutionell ein nicht festgelegtes, also unspezialisiertes „Mängelwesen", das auf Handlung in einem Feld unbegrenzter Möglichkeiten hin angelegt ist. Die damit gestellte Aufgabe der Lebensbewältigung kann er nur dadurch lösen, daß er sich vom Druck des Augenblicks, vom Drang der Bedürfnisse und der darauf abgestimmten Umweltreize befreien kann. Er kann mit Hilfe einer kontrollierenden Zwischeninstanz Hemmungen setzen zwischen Merken und Wirken, zwischen Aufnehmen und Reagieren, er kann den Funktionskreis unterbrechen und damit zu einem höchst komplizierten, durch Interdependenzrelationen gekennzeichneten Handlungskreis öffnen. Er hat Distanz zu den Dingen und zum Geschehen des Augenblicks. Damit werden die Dinge zu „Objekten", und dadurch kommt es schließlich zu den spezifisch menschlichen Merkmalen, die wir schon kurz nannten.

Für unser Thema ergibt sich aus diesen Überlegungen: Passiv im Sinne eines reinen Affiziertwerdens durch äußere Reize, die auch eine bestimmte Bedürfnislage treffen und dort innerhalb enger Grenzen bestimmte Reaktionen bewirken, passiv in diesem Sinne ist das Tier, und – um diesen Gedanken abzuschließen – das Tier ist in diesem Sinne immer nur passiv. Es kann nicht aktiv sein im Sinne von Objektion und Distanz.

Verstehen wir somit den Menschen als das „handelnde" Wesen, so wird damit ersichtlich, was mit der Behauptung gemeint ist, daß es im menschlichen Bereich eine absolute und totale Passivität nicht gibt, es sei denn, wir orientierten uns an Zuständen wie Schlaf und Bewußtlosigkeit. Mit anderen Worten: Sofern und solange der Mensch bewußt lebt, das heißt, sofern und solange er Distanz zur Welt hat, ist er immer handelnd, tätig, aktiv. Wobei jedoch zu untersuchen bleibt, ob und inwieweit es im Bereich dieser menschlichen „Grundaktivität" ein „Mehr" oder „Weniger" an Aktivität gibt; und wobei es ferner durchaus möglich ist, ein „Weniger" an Aktivität nunmehr in einen neuen, nämlich relativen Sinne mit „Passivität" zu bezeichnen; damit nähern wir uns vermutlich dem allgemeinen Sprachgebrauch wieder ein gutes Stück.

Was wir hier soeben für den Menschen als handelndes Wesen ganz allgemein ableiteten, gilt nun auch in vollem Umfang in dem sehr viel engeren Bereich der menschlichen Wahrnehmung. Eine wichtige Grunderkenntnis der neueren Psychologie besteht in der Einsicht, daß Wahrnehmen grundsätzlich kein passives Aufnehmen und Registrieren von Außenweltreizen ist. Wahrnehmen, und zwar jedes Wahrnehmen, ist aktives Gestalten; nicht nur in dem Sinne, daß der Mensch die unendliche Fülle der auf ihn eindringenden und von den Rezeptoren physiologisch aufgenommenen physikalischen Reize in jeweils Wichtiges und Unwichtiges, Bedeutsames und Belangloses, in Figur und Grund aufgliedert. In die menschliche Wahrnehmung geht vielmehr ständig und grundsätzlich der ganze Reichtum subjektiver Erfahrung mit ein, eingebettet in die gesamte Persönlichkeitsstruktur eines Menschen einschließlich dessen, was ihm sein Entwicklungsgang sowie seine materiale und sozial-kulturelle Umwelt an Sicht- und Denkweisen mitgegeben hat. Wenn also der Mensch in der Wahrnehmung Welt erlebt, dann weder objektiv-neutral noch passiv. Vielmehr ist bei jeder Wahrnehmung der ganze Mensch aktiv, projektiv und gestaltend beteiligt.

Mir scheint, daß nach allem bisher Gesagten die Verwendung der Begriffe „Aktivität" und „Passivität" hier überhaupt nicht mehr sinnvoll und daher nicht zweckmäßig ist. Hier sollte man mit anderen Kategorien arbeiten, vor allem mit den Begriffen der Distanz und des Einbezogenseins (Involvement).

Zweitens kann „Passivität" bedeuten: Das Fernsehen füttert den Menschen mit fertigen Produkten. Dadurch *verkümmert die Phantasie,* die Vorstellungskraft, die Imagination. Hier stellt sich zunächst die Frage, warum der Phantasie eine so große Bedeutung und ein so hoher Wert zugemessen wird. Unsere anthropologischen Erörterungen zeigten, daß eines der wesentlichsten spezifisch menschlichen Merkmale die Fähigkeit ist, sich vom Hier und Jetzt abzulösen. Und eben das ist in reinster Ausprägung jenes Phänomen, das wir Phantasie nennen. In der Phantasie ist der Mensch in der Lage, sich in andere Situationen als seine gegenwärtige reale hineinzuversetzen, seien es nun vergangene, seien es vorweggenommene künftige oder auch solche ohne ausgeprägte Zeitbeziehung. Und durch diese Fähigkeit ist er imstande, trotz seiner Mängellage das „unendliche Überraschungsfeld", in das er sich hineingestellt sieht, zu bewältigen. Die Phantasie kann demnach zweierlei leisten: Sie kann künftiges Handeln vorwegnehmen und damit dieses Handeln schon vor dem realen Vollzug am möglichen oder wahrscheinlichen Erfolg oder Mißerfolg ausrichten und steuern; sie kann aber auch unabhängig von einem künftigen Handeln tätig sein, dann nämlich, wenn der Mensch sich im Phantasieren in Situationen versetzt, die ihm im realen Leben unerreichbar sind.

Wenn demnach die Phantasie eine urtümliche, für das Menschsein konstitutive Fähigkeit mit doppelter Funktion ist, nimmt es nicht wunder, daß es vorbereitet angebotene Tagträume gegeben hat, solange der Mensch existiert. Aber erst der Massenkommunikation wird der Vorwurf gemacht, die eigene schöpferische Phantasie der Menschen zu erdrücken. Allerdings finden wir hier meist eine deutliche Unterscheidung zwischen den einzelnen Aussagemitteln: Dem Lesen und dem Radiohören wird noch ein relativ hohes Maß an Eigentätigkeit beim Rezipienten zugeschrieben, während der Vorwurf der Verkümmerung von Imagination und Vorstellungskraft hauptsächlich dem Film und dem Fernsehen gemacht wird, also jenen Medien, die (außer dem Ton) auch noch Bilder anbieten. Bilder – so heißt es – lassen der eigenen Phantasie keinen Raum mehr; sie liefern alles fertig zubereitet, so daß der Imagination, der eigenen inneren Tätigkeit, nichts zu tun bleibt.

Jedoch ist es einseitig, das Bild schlechthin als Eingrenzung der Vorstellungsmöglichkeiten zu sehen. Gäbe das Bild grundsätzlich keinen Raum für Phantasie und Vorstellung her, würde also im Bild immer alles direkt, umfassend und erschöpfend ausgesagt, so gäbe es keine bildende Kunst, kein Theater und kein Ballett. Denn das Wesen der Kunst besteht ja gerade darin, daß durch eine einmalige, individuelle, konkret gestaltete Aussage ein überzeitlicher und überindividueller Wert, eine allgemeingültige und damit abstraktere Bedeutung, ein tieferer Sinn transparent wird. So auch beim Bild: Die vordergründigen Farben und Linien, die hier konkret und einmalig etwas darstellen, führen den Beschauer in Tiefen hinein, die immer allgemeiner und gültiger und wahrer werden. Bilder können also sehr wohl der Phantasie Raum geben, um so mehr, je mehr sie Kunstwerke sind. Umgekehrt hat die Phantasie um so weniger zu tun, je weniger Tiefe und Aussagekraft ein Bild hat, je vordergründiger und oberflächlicher es ist. Damit haben wir die Gültigkeit der These „Bilder engen die Phantasie ein“ erheblich eingeschränkt. Und ich glaube, es erübrigt sich hier der Nachweis, daß unsere Überlegungen nicht nur für Bilder im Bereich der klassischen bildenden Künste gelten, sondern in gleichem Maße auch für die Fotografie, den Film und das Fernsehen.

„Passiv“ kann schließlich auch bedeuten: Der Mensch von heute bildet sich seine Meinungen und Ansichten nicht selbst; seine *Einstellungen werden ihm von außen aufgeprägt* – in erster Linie durch das Fernsehen. Der Mensch läßt sich zum Objekt von Manipulation degradieren.

Nun kann gewiß nicht bestritten werden, daß viele Menschen ihre Meinungen an den Aussagen der Massenkommunikationen ausrichten, ja sie oft direkt von dort her beziehen. Und ebensowenig läßt sich bestreiten, daß zahlreiche Machtgruppen die Massenmedien primär als Instrumente der Meinungsbildung betrachten. Dennoch ist die Frage berechtigt, ob es grundsätzlich gefährlich ist, daß der Mensch seine „Weltanschauung“ aus fremden Quellen bezieht und nicht aus eigenem Anschauen und Urteilen aufbaut.

Dem Menschen ist es seit jeher und heute ganz besonders absolut unmöglich, auf eigener Ansicht und eigenem Urteil ein eigenes Weltbild zu gründen. Da der Mensch jedoch ständig zum Stellungnehmen, zum Urteilen und zur Entscheidung aufgerufen ist, und zwar bei der zunehmenden Spezialisierung mehr und mehr auf Gebieten, die er gar nicht im Detail kennen kann, muß er nach angebotenen Vorbildern, Mustern, „Patterns“ greifen, wenn er nicht in einem Gefühl der Unzulänglichkeit, der Minderwertigkeit, der Unterlegenheit untergehen will. Und eben diese Muster werden ihm von den Massenmedien und heute vor allem vom Fernsehen angeboten.

Es erscheint keineswegs müßig, einmal zu fragen, wie denn der Mensch heute das Leben bewältigen sollte, wenn er nicht ständig Verhaltens- und Urteilsmuster zur Verfügung gestellt bekäme. Und ebenso berechtigt ist die Frage, ob denn im Prinzip die Sachlage in früheren Zeiten so wesentlich anders war. Gewiß waren damals die Anforderungen, die das Leben an den Menschen stellte, anderer Art und vielleicht nicht so umfassend und drängend wie heute. Und gewiß hatte damals auch die breite Menge nicht den Einfluß auf die öffentlichen Angelegenheiten, den sie heute – zum mindesten potentiell – besitzt. Aber war denn der Grundvorgang bei der Meinungsbildung, beim Stellungnehmen zu Dingen, die der eigenen unmittelbaren Anschauung entzogen waren, nicht im wesentlichen derselbe wie heute? Auch damals griffen die Menschen in solchen Situationen nach fertigen Mustern, auch damals gab es Meinungsführer wie Pfarrer, Lehrer, Ärzte und weitgereiste Kaufleute; und immer schon hat es Leute gegeben, die dieses Bedürfnis des Menschen nach Meinungs- und Handlungsmustern politisch, also im Sinne der eigenen Macht, oder kommerziell auszunutzen wußten.

Im übrigen ist auch dies zu bedenken: Die Medien in einer pluralistischen Gesellschaft präsentieren keineswegs nur *eine* Ansicht, sondern sie spiegeln die Meinungen, Einstellungen und Wertorientierungen vielfältiger Teilgruppen wider. Von einer uniformen Manipulation kann also kaum die Rede sein.

Zusammenfassend läßt sich sagen: Die Tatsache, daß die publizistischen Aussagemittel, also auch das Fernsehen, bei der Formung des Weltbildes mitwirken, ist nicht zu leugnen. Doch hat unsere Analyse gezeigt, wie wenig sinnvoll es ist, diesen Prozeß der Meinungsbildung von vornherein als „Passivität" des Aufnehmenden zu etikettieren. Und ebensowenig erscheint es berechtigt, ein solches Übernehmen fremder Ansichten und Meinungen nur unter negativem Vorzeichen als einen Verlust, als Mangel oder gar als Krisensymptom zu betrachten.

Das abschließende Ergebnis unserer Überlegungen lautet somit: „Passivität" ist ein schillernder, mehrdeutiger Begriff. Welche der möglichen Bedeutungen man ihm aber auch beilegt, die These, das Fernsehen mache die Menschen passiv, läßt sich – wenn überhaupt – nur mit Einschränkungen und Differenzierungen vertreten.

Fernsehen verstärkt und fördert die Gewalttätigkeit

Zunächst wieder einige kulturkritische Zitate:

> „Die Rückwirkung, die aggressive Fernsehprogramme auf Aggressivität, aggressives Verhalten und die Einstellung von Kindern der Gewalt gegenüber haben, sind nicht hoch genug einzuschätzen" (Lang) (70).

> „Zur Frage, wie Gewaltdarstellung im Fernsehen auf Kinder wirkt, ist nach meiner Ansicht gesichert . . .:
>
> 1. Aggressive Filme erhöhen das Erregungs- und Aggressivitätsniveau.
> 2. Fernsehgewalt wird häufig so dargeboten, daß Aggressionshemmungen gelockert werden.
> 3. Häufige Gewaltdarstellung führt zu Gewöhnung und emotionaler Abstumpfung.
> 4. Kinder lernen Verhalten von Fernsehfilmen.
> 5. Es besteht eine enge positive Korelation zwischen dem häufigen Ansehen von Gewalt und aggressivem oder abweichendem Sozialverhalten. Wie groß der Einfluß anderer Variablen auf diese Beziehungen ist und die Frage nach der Ursache und der Wirkung kann nur näherungsweise beantwortet werden.
> 6. Es ist gesichert, daß Fernsehen gesteigerte Aggressivität oder seelische Gestörtheit nicht abbaut, sondern verstärkt.
>
> Aufgrund dieser Ergebnisse bin ich der Ansicht, daß häufige

Gewaltdarstellung und hoher Fernsehkonsum Kindern schadet“ (Lang) (71).

Diese These, Fernsehen mache gewalttätig, wird seit vier Jahrzehnten unentwegt so hingestellt, als handle es sich dabei um eine unumstößliche Tatsache. Die Behauptung, das Fernsehen veranlasse die Zuschauer zu Aggressionen und Gewalttaten, läßt sich ja auch (zumindest vordergründig) schnell und leicht ableiten: Die Fernsehprogramme enthalten viele Gewaltdarstellungen; viele Menschen sehen in großem Umfang diese Programme mitsamt der darin gezeigten Gewalt; also macht das Fernsehen gewalttätig. Damit hat man – sehr zur allgemeinen Erleichterung – die Ursache gefunden für Gewaltdemonstrationen und Terrorismus, für die Verrohung und steigende Jugendkriminalität. Schuld an alledem hat das Fernsehen. Wie bei allen schädlichen Medienwirkungen gelten auch hier Kinder und Jugendliche als besonders gefährdet; da sie noch nicht so fest geprägt sind wie Erwachsene, sind sie für die Botschaften des Fernsehens besonders empfänglich.

Nun ist es nicht unsere Absicht, diesen ganzen Problemkreis im einzelnen aufzurollen. Das haben Berufenere bereits zur Genüge getan. Auch die verschiedenen wissenschaftlichen Theorien und die unzähligen Einzeluntersuchungen interessieren in unserem Zusammenhang wenig. Ich will lediglich zeigen, daß auch diese These nur haltbar ist, wenn man sie einschränkt und differenziert, und daß auch hier viele Kulturkritiker zu eng denken und voreilig Kausalschlüsse ziehen, bei denen das Fernsehen als alleinige oder doch als Hauptursache herauskommt.

Wie einfach man mit Kausalerklärungen operiert, zeigt das Beispiel aus dem Iran, wo in der Schah-Zeit das Ministerium für Kunst und Kultur Aufführungen von Shakespeares „Hamlet“ und „Macbeth“ verbot, weil darin Königsmord vorkommt.

Bevor ich zur Sache komme, möchte ich wieder betonen: Auch bei dieser These geht es mir nicht um eine Ehrenrettung, um ein Reinwaschen des Fernsehens, oder um das Verharmlosen von Gefahren, sondern um ein Zurechtrücken durch eine realistische Betrachtung. Zweifellos kann Fernsehgewalt schädliche Folgen haben. Ich wende mich aber gegen überzogene Pauschalurteile, die aus allzu einfachen Vorstellungen von den Medienwirkungsprozessen resultieren.

Und noch eine kurze Vorbemerkung: Die Diskussion über dieses Thema ist weder neu noch beschränkt sie sich auf das Medium Fernsehen. In der Geschichte der Literaturkritik finden sich viele Hinweise darauf, daß man auch schon in früheren Zeiten besorgt über Gewaltdarstellungen nachgedacht hat. Und in unserem Jahrhundert waren und sind es neben dem Fernsehen auch der Film, die Comics, Boulevardzeitungen und Massenillustrierte und neuerdings Videokassetten, die als Vermittler von gewaltträchtigen Aussagen angeprangert werden. Das Fernsehen freilich zieht aus verständlichen Gründen die meiste Aufmerksamkeit auf sich.

Dem undifferenzierten Umgang mit der Gewaltproblematik begegnen wir bereits im Begrifflichen: „Gewalt" und „Aggression" können viele Bedeutungen haben; aber nur selten sagen Kulturkritiker (und auch Wissenschaftler) ausdrücklich und exakt, was sie meinen, wenn sie von Gewalt reden. Man muß – auch in Forschungsberichten – oft schon genau hinsehen, um zu wissen, worum es sich handelt.

> „So bedeutet Aggression für manche das Schlagen einer Plastikpuppe, für andere das Austeilen von Elektroschocks, hohe Werte in einem Aggressivitätsfragebogen, Raufen mit Spielkameraden oder Beschimpfungen, Drohungen, beleidigende Bemerkungen, verschiedenen Formen physischer Gewalt usw." (Hipfl) (72).

Problematisch ist es ferner, wenn man den Gewaltbegriff allzusehr ausdehnt. So hat Galtung der „personalen Gewalt“ das Konzept von der „strukturellen Gewalt“ beigesellt. Er will damit sagen, daß wir nicht immer nur an jene Formen denken sollen, die in offenen Angriffen auf Personen sichtbar werden, sondern daß es auch eine mindestens ebenso problematische Art von Gewalt gibt, die in der Struktur der sozialen Beziehungen, insbesondere in Herrschaftsverhältnissen gründet; Gewalt also im Sinne sozialer Ungerechtigkeit. Sicher ist das Konzept von der strukturellen Gewalt eine nützliche, ja notwendige Ergänzung zu den traditionellen Vorstellungen. Doch ist die Gefahr nicht von der Hand zu weisen, daß man damit den Gewaltbegriff über Gebühr ausweitet und ihn schließlich inhaltsleer macht.

Man sage nicht, das seien nutzlose Haarspaltereien. Diese Überlegungen sind nötig, um angemessen differenzieren zu können, denn je nach ihrer Definition bekommen die verschiedenen Arten von Gewalt ihren eigenen Stellenwert in der Diskussion über die Wirkungen.

Wer also mit dem Wort „Gewalt“ operiert, ohne genauer zu sagen, in welcher Bedeutung, der tut das entweder gedankenlos, oder er bedient sich des beliebten Tricks, Begriffe im Unklaren zu lassen, weil er dann mit ihnen beliebig jonglieren kann, indem er unvermerkt bald diese, bald jene Bedeutung ins Spiel bringt.

Sorgsam zu unterscheiden, auch im Begrifflichen, ist demnach erste Voraussetzung für eine sachgerechte Diskussion über Fernsehgewalt. Dazu gehört auch eine Zweiergliederung, die häufig übersehen wird, die Unterscheidung nämlich zwischen Fiktion und Information, oder auch: zwischen Spielhandlungen und Nachrichten. In beiden kommen Gewalttaten vor, äußerlich betrachtet oft sogar ganz ähnliche. Dennoch ist diese Gewalt im einen Falle erfunden, erdichtet, und im anderen

Falle ist sie harte Realität. So erlebt auch der Zuschauer beide Arten ganz verschieden, in einem jeweils eigenen Bezugsrahmen: Bei der Fiktion weiß der Rezipient: „Das ist Spiel und nicht harte Realität; die Personen sind Schauspieler in einer Rolle." Bei der Information dagegen ist das Erleben durch das Wissen bestimmt „Das ist wirklich so passiert und diesen Menschen widerfahren". Das heißt: In aller Regel ist die durch das „Mitgewußte" bestimmte Distanz zum Geschehen bei der Fiktion größer als bei der Information. Das gilt auch und nicht zuletzt für Gewalttaten, Brutalität, Tod und Tote.

> „Bei den Zombies oder so weiß ich, das ist Film, bei XY ist das alles echt, das ist doch passiert. Da kann ich rausgehen oder wegsehen, das hilft nichts" (Gerlach) (73).

Höchst unklar sind meist die Vorstellungen darüber, wie die Fernsehgewalt insgesamt beschaffen ist. Oft gibt man sich mit der vagen Behauptung zufrieden, dort wimmle es nur so von Mord und Totschlag. Um das differenzierter zu untersuchen, setzen die Wissenschaftler systematische Inhaltsanalysen ein, die zu aufschlußreichen Einsichten führen können. Allerdings darf man dabei nicht – wie es immer wieder geschieht – einfach alles zusammenzählen, was irgendwie nach „Gewalt" aussieht; vielmehr heißt es, sorgsam zu differenzieren etwa nach dem Genre, in dem Gewalt erscheint, nach der Form von Gewalt, nach den beteiligten Personen (Täter und Opfer), nach Ort, Zeit, Umgebung, Anlaß, Tatinstrumenten und vielem mehr. Isoliertes Auszählen bringt wenig; entscheidend ist der Kontext. So sagt denn auch der Satz „Ein Kind hat bis zu seinem soundsovielten Lebensjahr auf dem Bildschirm soundsoviele Leichen gesehen" letztlich so gut wie gar nichts aus. Leiche ist nicht gleich Leiche. Entscheidend für die Wirkungsfrage ist nicht, wieviele Gewalttaten ein Mensch im Fernsehen erlebt, sondern was er daraus macht, wie er selektiert, akzentuiert, interpretiert, projiziert. Etliche sogenannte „funktionale Analysen" haben – manchmal sehr zur Überraschung der Forscher – gezeigt, daß die Menschen, vor allem Kinder und Jugendliche, oft die Gewaltdarstellungen im Fernsehen ganz anders erleben, deuten und einordnen, als Wissenschaftler, Pädagogen und Fernseh-„Macher“ annehmen und erwarten. Nicht selten verstehen sie „Gewalt“ gar nicht als Gewalt.

> „Grundsätzlich, so eine Faustregel, nehmen die Zuschauer wesentlich weniger Gewalt wahr, als aufgrund der Resultate von Inhaltsanalysen erwartet wird. So zeigt eine in Australien durchgeführte Studie (Edgar, P., Children and screen violence, St. Lucia 1977), daß der zwar nicht gewaltfreie, aber aus der Perspektive der ‚Leichenzähler‘ harmlose Film 'Our mother's house', der aber eine Vielzahl von Identifikationsmöglichkeiten bot, wie Tod der Mutter, zerbrochene Ehe, Geheimnisse vor Erwachsenen haben, von Jugendlichen als gewalttätiger eingestuft wird als der doch recht brutale Spielfilm 'The dirty dozen', der eine Vielzahl spektakulärer und blutrünstiger Szenen enthält. Typischer Kommentar eines Jugendlichen: Not upset. It was only a film and the situation was not real“ (Gerlach) (74).

Hier einige allgemeine Ergebnisse von Fernseh-Inhaltsanalysen:

> „1. Strukturelle Gewalt, so z.B. soziale Ungerechtigkeit, obwohl im Alltag viel häufiger erfahrbar und für den einzelnen viel bedeutsamer, kommt in den Sendungen – im Gegensatz zur Wirklichkeit – nur selten vor.
> 2. Gewalt wird typischerweise mit der männlichen Rolle verbunden.
> 3. Gewalt wird im Fernsehen meist zwischen einander fremden Personen ausgeübt, im Gegensatz zur Realität, wo die personale Gewalt viel häufiger zwischen Bekannten erfolgt (Gewalt in der Familie).
> 4. Gewalt wird unrealistisch dargestellt. (Denken Sie nur an die vielen Schläge, die ein Opfer erhält, bevor es endgül-

tig zu Boden geht! Das Leiden des Opfers wird selten gezeigt.)
5. Gewalt ist ein nutzbringendes Mittel zur Konfliktlösung. Ist der Handelnde ein negativer Held, wird er am Ende der Sendung – aber erst am Ende! – bestraft. Gewaltopfer sind Nebenakteure, bei denen die Identifikation mit dem Zuschauer nicht so groß ist. Gewalt wird auch von den ‚Guten' verwendet und ist allein schon dadurch legitimiert.
6. Bei Gewaltanwendung anwesende Zeugen verhalten sich fast immer passiv! Sie greifen nicht ein, versuchen nicht zu helfen" (de Haen) (75).

Die Medienwirkungsforschung bemüht sich seit Jahrzehnten darum, mit empirischen Methoden zu klären, wie es tatsächlich, also jenseits von Vermutungen und Spekulationen, mit den Wirkungen von Gewalt im Fernsehen steht. Dabei gehen die Forscher von einigen Hypothesen aus, die sie einer kritischen Prüfung unterziehen. Als die wichtigsten Hypothesen sind die folgenden zu nennen (76):

– Aggressionen in den Medien verstärken das aggressive Verhalten der Rezipienten
(Stimulationshypothese)
– Aggressionen in den Medien führen zu einer Reduktion aggressiven Verhaltens
(Katharsishypothese)
– Aggressionen in den Medien bewirken eine Hemmung aggressiven Verhaltens
(Inhibitionshypothese)
– Durch häufiges Erleben von Medien-Aggressionen treten Gewöhnungseffekte ein
(Habitualisierungshypothese)
– Medien-Aggressionen führen zu emotionaler Erregung
(Erregungshypothese).

Hinzuweisen wäre hier auch wieder auf die Untersuchungen von George Gerbner über die Zusammenhänge zwischen der schlimmen Fernsehwelt und den Vorstellungen der Vielseher von der realen Welt.

In unserem Zusammenhang interessiert vor allem die Grundfrage: Macht das Fernsehen die Menschen wirklich gewalttätig? Hier pflegen die Forscher (mit Grund und Recht) ausweichend zu antworten: Das kommt ganz darauf an. Fragt man weiter, so heißt es: Das kommt auf die beteiligten Faktoren und deren Konstellationen an. Viele Faktoren bestimmen die Wirkungsprozesse mit:

> „Neben Charakteristika der Medieninhalte selbst sind es zumindest Merkmale der Persönlichkeit des Rezipienten, Häufigkeit und Dauer des Fernsehens, familiäre Faktoren, soziale Bedingungen, der situative Kontext während und nach dem Fernsehen“ (Hipfl) (77).

> „Die Auswirkung einer bestimmten Fernsehsendung mit Gewaltdarstellung ist abhängig erstens vom Inhalt der Sendung, also deren dramaturgischer Gestaltung, vom Handlungskontext sowie von Art und Weise der Gewaltdarstellung, zweitens von der Persönlichkeit des jeweiligen Zuschauers, also von Alter, Geschlecht, Intelligenz, sozialer Integration, Aggressivität usw., drittens von der Situation, in der gesehen wird, zum Beispiel allein, mit den Eltern, mit Freunden usw.“ (Gerlach) (78).

> „Solche Bedingungen sind z.B. starke Aufmerksamkeit der Kinder während des Fernsehens, häufiges Fernsehen, ein schon vorher bestehendes hohes Aggressionspotential der Zuseher, eine soziale Umwelt mit relativ hohem Aggressionsniveau, geringe Sozialkontakte des Rezipienten und damit verbunden eine sehr starke Zuwendung zum Fernsehen, eine sehr positive Färbung der dargestellten Gewalt“ (Hipfl) (79).

Ganz so einfach, wie es zunächst scheinen mochte, steht es also mit den Wirkungen von Fernsehgewalt doch wohl nicht. Auf jeden Fall wäre es voreilig, von der Gewalt im Fernsehen auf gewaltsteigernde Wirkungen bei den Zuschauern zu schließen. Wie die Wissenschaft zu diesem Problemkreis insgesamt steht, wird in zahlreichen Äußerungen namhafter Forscher deutlich sichtbar. Hier eine kleine Auswahl:

> „Von der wissenschaftlichen Medienwirkungsforschung sind in Bezug auf die Wirkungen brutaler Sendungen keine eindeutigen Antworten zu erwarten. Es gibt keinen nachgewiesenen Zusammenhang zwischen Gewalt im Fernsehen und dem aggressiven Verhalten von Kindern bzw. Jugendlichen" (de Haen) (80).

> „Eindeutige empirische Belege für sich in einer Erhöhung der Bereitschaft, aggressives Verhalten zu zeigen, äußernde kumulative Effekte des Konsums violenter Fernsehsendungen liegen aber ebensowenig vor, wie Hinweise auf eine Beeinflussung der Attitüdenstruktur" (Kunczik) (81).

Nicht selten läuft diese Diskussion auch unter dem Stichwort *„Kriminalität"*. Die These lautet dann: Fernsehen ist die Ursache für die ständig zunehmende Kriminalität. Hier müßte man erst einmal prüfen, ob die Kriminalität wirklich heute so viel stärker verbreitet ist als früher (wo man auch schon geklagt hat). Und was das Fernsehen als Ursache betrifft, so wäre hier ganz ähnlich zu argumentieren wie eben bei Gewalt und Aggressionen.

Die Ansicht fast aller Experten geht dahin, daß die wesentliche und zentrale Ursache für die Kriminalität in gesellschaftlichen Bedingungen zu suchen ist. Die Medien können bis zu einem gewissen Grade vorhandene Tendenzen verstärken, als letzter Auslöser dienen und auch Handlungsmuster anbieten.

Die Meinung, das Fernsehen sei die eigentliche Ursache der steigenden Kriminalität, wird nur von wenigen Wissenschaftlern ernsthaft vertreten.

> „Nach dem derzeitigen Stand der Jugendsoziologie muß man also annehmen, daß die durch Unterprivilegierung entstandenen Spannungen, insbesondere beim intrapsychisch geschädigten Jugendlichen, durch delinquentes Verhalten gelöst werden. Von daher scheiden die Wirkungen der Massenkommunikation oder der Aussagen von Massenmedien als Ursachen für jugendliche Delinquenz fast völlig aus" (Koszyk) (82).

Fernsehen gefährdet das Familienleben

Kulturkritiker meinen:

> „Alle Anzeichen deuten darauf hin, daß das Fernsehen in zerstörerischer Weise Einfluß auf das Familienleben nimmt, es in seiner Reichhaltigkeit und Vielfalt einengt" (Winn) (83).

> „Je mehr die Familien dazu übergingen, einen immer größeren Teil ihrer gemeinsam verbrachten Zeit ausschließlich dem Fernsehen zu widmen, desto seltener wurden die Rituale und Vergnügungen, die früher dem Familienleben seine Besonderheiten verliehen. Seit den prähistorischen Zeiten, als die Höhlenbewohner jagten, Nahrung sammelten, aßen und schliefen, ohne daß ihnen viel Zeit geblieben wäre, um eine bedeutende Kultur zu entwickeln, sind die Familien nicht mehr auf eine solche Uniformität reduziert ge gewesen" (Winn) (84).

Seit es Fernsehen gibt, betrachten Kulturkritiker dieses Medium als Feind des Familienlebens: Statt gute Gespräche zu führen, statt gemeinsam aktiv zu sein, sitzt die Familie sprachlos vor dem Bildschirm und starrt auf das, was sich dort abspielt. Niedergang und Verlust also auch hier.

Wie schon bei früheren Thesen fragen wir: Stimmen diese Behauptungen? Stimmen die Annahmen und Voraussetzungen, die implizit darin stecken?

Zunächst einmal trifft das Bild von der stumm glotzenden Familie schon seit längerem nur noch sehr bedingt zu. Die Medienforschung hat gezeigt, daß sich in immer mehr Fällen das Fernsehen zu einer „Sekundärtätigkeit" entwickelt, zu etwas, das man nebenbei, neben anderen Beschäftigungen betreibt. Ein solches Verhalten ist beim Radio schon lange bekannt; nun greift es immer mehr auch auf das Fernsehen über. Hier sind also Prozesse im Gang, die das traditionelle Bild auflösen. – Im übrigen: Wenn wir das Schreckbild von der schweigenden, weil fernsehenden Familie vor Augen haben: Wie steht es denn dann mit dem Lesen? Wie beurteilen wir es, wenn die ganze Familie sich schweigend in Bücher, Zeitschriften, Comic-Hefte vertieft? Nicht wenige Kulturkritiker würden diese Situation als positiv, als wünschenswert bezeichnen. Warum eigentlich? Was unterscheidet diese Familie von der vor dem Bildschirm? Wenn man will, kann man über das Gesehene ebenso reden wie über das Gelesene. Wenn man hier mit zweierlei Maß mißt, dann doch wohl, weil man beim Lesen meistens an das Lesen guter Literatur denkt.

In der pessimistischen Kulturkritik wird „Familienleben" meistens (stillschweigend oder ausdrücklich) mit Gesprächen zwischen den Familienmitgliedern gleichgesetzt. In der Forschung heißt das dann „Interaktionsqualität". Eben diese Interaktionsqualität – das besagt die These vom schädlichen Einfluß des Fernsehens – wird beeinträchtigt und geht schließlich verloren.

Hier müssen wir gleich mehrere Fragezeichen setzen:

Erstens: Stimmt überhaupt die Annahme, das Familienleben sei früher nicht nur anders, sondern auch besser gewesen, etwa in der Form, daß die Familie seinerzeit, bevor das Fernsehen aufkam, Tag für Tag, Abend für Abend beisammengesessen und gute Gespräche geführt hätte? Exakt läßt sich diese Frage nicht beantworten. Von dieser Seite her kann man die These weder beweisen noch widerlegen. Es fehlen einfach vergleichbare Daten von damals und heute. So kann ich mich des Verdachts nicht erwehren, daß hier wieder die Vergoldung des Vergangenen mitspielt und daß in den Köpfen der Kulturkritiker ein illusionäres, bildungsbürgerlich überhöhtes Idealbild von der Familie vergangener Zeiten herumgeistert.

Zweitens: Wenn Gespräche als Indikatoren für die Qualität des Familienlebens benützt werden, so steckt dahinter offensichtlich die Annahme, Sprechen, Reden, Diskutieren sei a priori etwas Gutes. Wie wir im nächsten Abschnitt zeigen werden, ist diese Ansicht zwar verbreitet, läßt sich aber in dieser Form nicht ernsthaft vertreten. Streng genommen sagt also die Quantität, der Umfang der Gespräche über die „Qualität" des Familienlebens nur wenig aus. Gälte hier nämlich die Gleichung „Quantität = Qualität", dann müßte eine Familie, in der ständig geredet wird, grundsätzlich „in Ordnung" sein; und eine Familie, in der wenig gesprochen würde, hätte keine „Qualität". Gar so einfach ist aber die Wirklichkeit doch wohl nicht.

Unabhängig von derartigen Überlegungen haben – drittens – Kommunikationsforscher mehrere Untersuchungen über die Zusammenhänge zwischen dem Fernsehen einerseits und den Gesprächen in der Familie auf der anderen Seite durchgeführt. Die Ergebnisse sind nicht ganz klar und auch nicht frei von Widersprüchen. Fest steht wohl, daß das Fernsehen oft Anlaß zu Gesprächen gibt, also der persönlichen Kommunikation förderlich ist. Demgegenüber kommt eine größere empirische Studie zu dem Resultat, es bestehe eine negative Korrelation zwischen dem Umfang des Zuschauens und der „Interaktionsqualität“ in der Familie. Einfacher formuliert: Je mehr die Familie fernsieht, desto weniger Gespräche finden statt. Doch was sagt diese Feststellung aus? Auf keinen Fall darf man daraus einfach den Schluß ziehen, das Fernsehen sei die Ursache dafür, daß in Vielseherfamilien weniger gesprochen wird. Korrelationen sagen nicht ohne weiteres etwas über Kausalzusammenhänge aus. So könnte in unserem Falle die Ursache-Wirkungs-Richtung gerade entgegengesetzt verlaufen: Diejenigen Familien, in denen man sich nichts zu sagen hat, sehen eben deshalb besonders oft und lange fern. Wir müssen also bei der Interpretation solcher Daten vorsichtig sein. Echte Kausalbeziehungen zwischen Fernsehen und familiärer Interaktion sind unseres Wissens bisher nicht nachgewiesen worden.

Wiederum schließe ich hier schädliche Einflüsse des Fernsehens keineswegs aus. Nur verlaufen diese Wirkungen nicht so direkt und linear, wie sich das mancher Kulturkritiker vorzustellen scheint. Außerdem sollten wir eines mitbedenken: Diese Kritiker erwecken den Eindruck, als sei die Familie ein höchst labiles und fragiles soziales Gebilde, das leicht und schnell durch äußere Einflüsse aus dem Gleichgewicht geraten, wenn nicht gar zerbrechen kann. Demgegenüber ist daran zu erinnern, daß – ganz unabhängig von den Einflüssen des Fernsehens – die Familie als gesellschaftliche Institution bereits mehrmals totgesagt wurde; sie habe – so hieß es – ihre Funktion und Bedeutung verloren; doch sie lebt weiter, zwar verändert im Vergleich zu früheren Generationen, aber in ihrer Grundexistenz nicht erkennbar bedroht.

Einen ganz neuen Farbtupfer hat jüngst Elisabeth Noelle-Neumann diesem Bild hinzugefügt: In der Begleitforschung in Ludwigshafen fand das Institut für Demoskopie heraus, daß in Kabelhaushalten nach einem Jahr das Familienleben entspannter und intensiver wirkt; es wird mehr von gemeinsamen Interessen und gemeinsamen Unternehmungen berichtet, allerdings auch von mehr Anstrengungen, das Fernsehen der Kinder zu kontrollieren. Außerdem sei – so wird in dieser Untersuchung festgestellt – in diesen Familien eine zunehmende Harmonisierung zu beobachten. Dazu liefert Noelle-Neumann diese Erklärung: Die meisten neuen Programme sind weniger politisch kontrovers und rufen deshalb weniger Konflikte in der Familie hervor (85). Zweifellos eine fragwürdige, wenn nicht gar gefährliche Erklärung, denn daraus ließe sich der Schluß ableiten: Man nehme möglichst viele politisch nicht kontroverse Programme – und das Familienleben wird harmonisch. So einfach liegen die Dinge gewiß nicht. Außerdem wäre zunächst einmal zu überprüfen, ob die Allensbacher Daten allgemeinere Gültigkeit haben. Zu bedenken ist beispielsweise, daß es nach früheren Befragungen in Kabelfamilien vorher weniger harmonisch zuging als im Gesamtdurchschnitt.

Das Fernsehen gefährdet die persönliche Kommunikation

Diese These begegnet uns in der Kulturkritik auf Schritt und Tritt. Hier einige Beispiele:

> „Gewaltig vorangetriebene Innovationen auf medientechnologischem Gebiet drohen, das menschliche Miteinander, die direkte, unvermittelte Kommunikation zu zerstören, sie drohen, das Individuum noch stärker in die Isolation zu drängen, indem sie technisierte Kommunikation in nahezu allen Bereichen des Alltagshandelns an die Stelle persönlicher Kommunikationsbeziehungen setzen“ (Eurich) (86).

> „Fernsehen als Ersatz für Bezugspersonen, zum Abreagieren, zur Kommunikationsverhinderung, quasi als präventive Maßnahme gegen möglicherweise auftauchende Konflikte“ (Eurich) (87).

> „In Gerichtssälen, Klassenzimmern, Operationssälen, Sitzungssälen, Kirchen und selbst im Flugzeug sprechen die Amerikaner nicht miteinander. Sie tauschen keine Gedanken aus; sie tauschen Bilder aus. Sie argumentieren nicht mit Sätzen; sie argumentieren mit gutem Aussehen, Prominenz und Werbesprüchen“ (Postman) (88).

Das Fernsehen bedroht demnach die persönliche Kommunikation. Technische Kommunikationsinstrumente verdrängen das Gespräch. Als Folge des Fernsehens und anderer neuer Medien reden die Menschen nicht mehr miteinander. So die Ansicht vieler Kulturkritiker.

Wenn diese Kulturpessimisten einmal zur Kenntnis nehmen, daß – wie in mehreren Untersuchungen nachgewiesen – Fernsehen durchaus auch zu Gesprächen anregen kann, dann paßt das eigentlich nicht so recht in ihr Weltbild. Doch fällt es ihnen nicht schwer, auch dieses Faktum unter negativen Vorzeichen zu sehen:

> „Das Gespräch mit dem Partner und den Kindern gerät zur Nebenbeschäftigung, den Bildschirm nicht aus den Augen verlierend. Wenn man sich unterhält, dann zum Großteil über Themen, die von den Massenmedien vorgegeben sind. Die individuelle Spontaneität und Leistungsfähigkeit, was Themenwahl und Themenkreation betreffen, wird einschneidend eingeschränkt. Die ‚normalen Gespräche‘ verlieren ihre vor allem auch politische Relevanz“ (Eurich) (89).

Demnach ist zwar das Gespräch an sich gut, schlimm aber ist es, wenn die Menschen über Themen reden, „die von den Massenmedien vorgegeben sind“. Da müssen wir fragen: Wieso eigentlich? Die Menschen brauchen und suchen oft Anlässe, über die sie miteinander reden können, das Wetter, eine Hochzeit im Dorf, das letzte Fußballspiel, ein Autounfall in der Nähe. Worin unterschieden sich diese Anlässe von dem, was man im Fernsehen gesehen hat? Im Grunde durch nichts. Kulturkritiker gehen offensichtlich davon aus, daß ohne die Massenmedien die Menschen in ihrer „Themenwahl und Themenkreation“ spontan und leistungsfähig wären – eine Behauptung, für die es keine brauchbaren Anhaltspunkte gibt. – Übrigens, was würde dieser Kritiker wohl dazu sagen, wenn sich Menschen über Bücher unterhalten? Vermutlich würde er das großartig finden. Bücher sind eben gut; das Fernsehen ist schlecht.

Doch zurück zu der Ausgangsthese: Das Fernsehen gefährdet das Gespräch, das Miteinander-Reden. Wir bestreiten keineswegs, daß die mediale, technisch vermittelte Kommunikation die persönlichen Beziehungen zwischen Menschen beeinflußt und möglicherweise ungünstig verändert. Die Frage ist hier nur, ob sich die These in ihrer Globalform aufrechterhalten läßt.

Die Ansicht der Kulturkritiker enthält die Annahme, früher hätten mehr persönliche Gespräche stattgefunden als heute, im Zeitalter des Fernsehens und der sogenannten Neuen Medien. Doch – so unsere Frage – woher wissen das die Kritiker? Anders gefragt: Stimmt diese Behauptung? Haben die Menschen damals mehr miteinander kommuniziert? Ich habe da meine Zweifel, nicht nur, weil meine Erinnerungen an die Zeit vor dem Fernsehen das nicht bestätigen (das könnte auf subjektiven Verzerrungen der Perspektive beruhen), sondern vor allem, weil ich keine verläßlichen wissenschaftlichen Forschungsergebnisse kenne, die diese Auffassung belegen. Wohl aber gibt es neuere Untersuchungen, denen wir entnehmen können, daß die Jugend heute ganz besonderen Wert auf persönliche Beziehungen und direkte Kommunikation legt, und zwar Hand in Hand mit einer abnehmenden Bedeutung der Medien im Rahmen einer Veränderung in der Wertorientierung.

Mit scheint, so mancher Kulturkritiker hängt, ohne sich dessen bewußt zu sein, einer Zeitströmung an, die das Reden an sich zum Fetisch macht. Miteinander sprechen ist aus dieser Sicht von vornherein gut, und weniger Gespräche bedeuten auf jeden Fall einen Verlust. Rednerkurse, Verkäufer- und Managerschulung, Beratungsstellen und manche andere Institutionen in unserer Gesellschaft basieren auf der Annahme, Reden sei etwas Wertvolles, das der Pflege und Förderung bedarf. Überspitzt formuliert: Je mehr geredet wird und je „gekonnter", um so besser. Ein Ursprung für diese Einschätzung liegt vermutlich in der Psychoanalyse, in der Bewußtmachen und etwas Aussprechen als erster Schritt auf dem Wege zur Heilung von Störungen gilt. Die heutige Psychotherapie lebt weitgehend von diesem Axiom; und von dort ist diese Wertschätzung des Redens an sich offensichtlich in die Alltagsphilosophie der Gebildeten eingegangen. Man mißverstehe das nicht: Es liegt mir fern, den Wert des therapeutischen Gesprächs zu schmälern. Wenn jedoch Kulturkritiker und Bildungsbürger daraus einen Fetischismus des Redens als solchem machen, dann ist es an der Zeit, auch einmal auf die Kehrseite aufmerksam zu machen:

Ist Reden grundsätzlich gut und wertvoll? Muß wirklich immer alles ausgesprochen, geklärt, bereinigt werden? Können Konflikte nur durch „Ausdiskutieren" bewältigt werden? Ist Sich-Aussprechen gleich Heilung? Gibt es nicht auch den schwebenden Zauber des Ungesagten? Das stille Einverständnis? Das weite Feld nichtverbaler Kommunikation? Das beredte Schweigen? Und schließlich: Gibt es nicht auch das Reden, um Gedanken zu verbergen, das Wort als Herrschaftsmittel? Reden kann unendlich viel Böses anrichten, durch Klatsch, üble Nachrede, Intrige, Boshaftigkeit, Gedankenlosigkeit.

Daß Reden a priori gut sei, ist schlicht Ideologie.

Vielleicht ist auch noch dieser Aspekt erwähnenswert: Der Mensch hat durchaus nicht immer und überall das Bedürfnis zu kommunizieren. Es gibt Situationen, in denen er nicht reden, nicht antworten, nicht mitdenken möchte. Jeder von uns braucht zeitweilig das Fürsichsein, die Stille, das Schweigen.

Insgesamt muß somit auch diese These differenziert und teilweise relativiert werden. Pauschalbehauptungen helfen nicht weiter.

Das Fernsehen beeinträchtigt wertvolle Fähigkeiten und Eigenschaften des Individuums

Diese These, wie sie hier steht, ist eigentlich nur eine relativ abstrakte Zusammenfassung einer ganzen Reihe konkreter Einzelbehauptungen über schädliche Auswirkungen des Fernsehens auf den Menschen als Person und Persönlichkeit. Es wäre ermüdend und schließlich langweilig, sie alle hier im Detail zu analysieren. Unsere Argumentation wäre in allen wesentlichen Punkten dieselbe. Jedesmal würden wir fragen: Stimmt diese Behauptung? Gibt es dafür Belege oder überzeugende Begründungen? War das früher, vor Einführung des Fernsehens, wirklich anders – nämlich besser? Enthält die These vielleicht perspektivische Verzerrungen? Und wenn es tatsächlich Entwicklungen zum Schlechteren hin gibt: Mit welchem Grund und Recht schreiben die Kulturkritiker die Schuld dafür gerade dem Fernsehen zu?

Diese Wiederholungen ersparen wir uns. Nur die erste der folgenden Behauptungen nehmen wir noch etwas unter die Lupe. Bei den weiteren Thesen begnügen wir uns mit Zitaten aus der kulturkritischen Literatur.

Als Folge des Fernsehens verkümmert die Sprachfähigkeit

> „Die Menschen sollten ihre kommunikativen Fähigkeiten verbessern können und nicht, wie dies der Fall zu sein scheint, darin beschnitten werden“ (Atteslander) (90).

> „Wenn wir einen Blick auf die ‚Fernsehgeneration' werfen, wird . . . klarwerden, daß bei diesen Kindern, deren ersten Entwicklungsjahre von einem unmäßigen Fernsehkonsum begleitet wurden, eine ernsthafte Verminderung der Sprachfähigkeit eingetreten ist" (Winn) (91).

> „Der Zusammenhang zwischen den Auswirkungen des Fernsehens auf das Lesevermögen der Kinder und der Abnahme ihrer schriftlichen Ausdrucksfähigkeit ist klar" (Winn) (92).

Wie schon manche frühere These klingt auch diese zunächst plausibel. Es fragt sich nur, wieweit sie einer Überprüfung standhält. Die Sprachfähigkeit fällt dem Fernsehen zum Opfer – behaupten läßt sich das schnell. An handfesten Belegen dafür scheint es aber zu mangeln. Warum denn sonst legt Marie Winn hier keinc Forschungsergebnisse vor, sondern beruft sich auf die Aussage einer pädagogischen „Autorität"?

> „Der Leiter eines Vorschulzentrums für milieugeschädigte Kinder in Harlem berichtet, daß die Kinder fast stumm in seiner Schule ankommen, außerstande, auch nur einen einzigen zusammenhängenden Satz zu sprechen, obwohl die ärztlichen Untersuchungen keinerlei Defekte, weder körperlicher noch geistiger Art, erkennen lassen. ‚Es wird gewöhnlich als Sprachstörung diagnostiziert', bemerkt er, ‚aber meistens stellt sich heraus, daß es einfach daher kommt, daß diese Kinder nur schlechtes Englisch hören und ansonsten nur fernsehen und daß kaum jemand mit ihnen spricht'" (Winn) (93).

Bei allem gebührenden Respekt vor Schulleitern: auch ihr Erfahrungshorizont ist begrenzt, und auch ihre Beobachtungen können subjektiv perspektivisch verzerrt sein. Die wissenschaftliche Aussagekraft einer solchen Äußerung ist nicht sonderlich hoch zu veranschlagen.

Auch hier behaupte ich nicht, die These sei falsch. Fraglich erscheint nur, wieweit es berechtigt ist, sie so hinzustellen, als handle es sich beim Verlust der Sprachkompetenz um eine unbestreitbare Tatsache. Die Forschung dürfte sich schwer damit tun, das unangreifbar nachzuweisen. Nun berufen sich allerdings die Kulturkritiker gerne auf Tests, die in den U.S.A. über viele Jahre hin durchgeführt wurden und die angeblich den Rückgang der Ausdrucksfähigkeit belegen. Doch lehren uns Methodologen, daß auch diese Untersuchungsverfahren (wie alle sozialwissenschaftlichen Methoden) ihre Schwachstellen haben. Oft sind derartige Tests nur an bestimmten Bevölkerungsgruppen geeicht; sie beruhen nicht selten auf mehr oder weniger subjektiven Urteilen und Zensuren der Tester; und sie sind wenig geeignet, zeitliche Veränderungen adäquat zu erfassen.

Doch selbst, wenn wir es als gesichert akzeptieren, daß die Sprachfähigkeit der Menschen nachläßt, bleibt immer noch die Frage offen, wieso das Fernsehen die Ursache dafür sein soll. Weil dies ein Bildermedium ist? Weil es so umfänglich genutzt wird? Hinreichende Begründungen sind das ebensowenig, wie der Hinweis darauf, die jungen Erwachsenen von heute stellten die erste Generation dar, die von Geburt an mit dem Fernsehen aufgewachsen ist. Wer aus all diesen Aspekten Kausalbeziehungen mit dem Fernsehen als Ursache ableitet, muß sich eines unklaren Denkens bezichtigen lassen.

Die These vom Verlust der Sprachfähigkeit wird des öfteren verbunden mit der Behauptung: *Als Folge des Fernsehens verkümmert die linke Gehirnhälfte.* Für eine angemessene Beurteilung dieser Annahme fehlt mir der Sachverstand. Da aber dieses Thema immer wieder von Kulturkritikern aufgegriffen wird, seien wenigstens die Sachverhalte kurz erläutert.

In der rechten Gehirnhälfte werden die räumlichen und optischen Eindrücke verarbeitet.

> „Nichtlogisches, nichtdiskursives, sprunghaftes Denken, das Fehlen von Ehrgeiz und dem Drang zu rivalisieren, die Unlust, nach persönlichem Verdienst und Höchstleistung zu streben, die Konzentration auf das Selbst, die Besessenheit vom eigenen Innenleben . . ., die Flucht vor der Vernunft, vor der Realität, vor geistiger Aktivität – all dies kennzeichnet die Denkprozesse der rechten Gehirnhälfte" (Winn) (94).

Dagegen ist die linke Gehirnhälfte

> „das Zentrum der Logik, der logischen zwischenmenschlichen Kommunikation und Analyse, der Integration sensorischer Komponenten und des Gedächtnisses, die Basis der bewußten, zweckbestimmten, zeitunabhängigen Fähigkeiten und Handlungen des Menschen. Darin liegt die entscheidende Funktion des Menschen, die Funktion, die ihn erst zum Menschen macht" (Emery) (95).

Diese Erkenntnisse werden nun auf die Tätigkeit „Fernsehen" angewandt:

> „Insbesondere das allgemeine Integrationszentrum in der linken Hirnhälfte verfällt in einen Zustand der Untätigkeit. ‚Fernsehen findet auf der Bewußtseinsebene des Schlafwandelns statt'. Die rechte Gehirnhälfte, die sich mit den subjektiveren kognitiven Prozessen befaßt – Traumbildern, Phantasie, Intuition –, nimmt dabei die Fernsehbilder weiter auf. Aber weil die Brücke zwischen der linken und rechten Hälfte des Gehirns effektiv unterbrochen ist, ist alle Verarbeitung – die Bewußtmachung des unbewußten Materials und seine Verwertbarmachung – unmöglich. Die Information gelangt zwar ins Gehirn, aber nachdenken oder sich leicht an sie erinnern, kann man nicht" (Eurich) (96).

Die physiologischen Einsichten in die verschiedenen Funktionen der beiden Gehirnhälften haben wir zu akzeptieren. Wenn dann aber daraus weitreichende Schlüsse gezogen werden dergestalt, daß durch das Fernsehen die eine Hemisphäre besonders „trainiert“ wird, während die andere, nämlich die „wertvollere“ verkümmert, so scheint uns das gegenwärtig reine Spekulation zu sein.

*

Nun noch einige Thesen, bei denen – wie gesagt – unsere Argumentation ganz ähnlich verlaufen würde wie bei der Behauptung vom Verlust der Sprachfähigkeit.

Fernsehen verursacht Entfremdung, Entpersönlichung, Privatisierung, Identitätskrise

Es besteht „ein Widerspruch zwischen technisch vermittelten Kommunikationsprozessen und dadurch verstärkten Entfremdungs- und Entpersönlichungsinteressen einerseits sowie einer selbstbestimmten menschlichen Existenz andererseits“ (Eurich) (97).

Die Medien führen die „Menschen zur Entfremdung, zur Einschränkung der Handlungs- und Entscheidungsfähigkeit und zu weiterer sozialer Aussonderung, vor allem aber auch zu gesellschaftlicher Passivität und schließlich politischer Apathie“ (Atteslander) (98).

„An diesem Punkt werden sich schließlich verschiedene Entwicklungslinien verstärkend überschneiden: Privatisierung, Entfremdung von der Umwelt und sich selbst, Verlust des Gefühls von Sicherheit und die Angst vor dem Schritt nach ‚draußen‘, in die Komplexität, die primär nicht oder nur unzureichend erfahren wurde und deren Kennzeichen schon allein deshalb Risiko ist, weil sie Entscheidungen verlangt, jeder Entscheidung aber per se die Fehlentscheidung, die Möglichkeit des Scheiterns innewohnt“ (Eurich) (99).

Fernsehen führt bei Kindern zu Überaktivität

„Die Beweise häufen sich, daß dieses dauernde Hin und Her einer der wichtigsten Verursacher von Überaktivität ist; schnelle Bewegungen ohne Zweck, als ob sie von Stromschlägen hervorgerufen würden. Die Körperenergie, die von den Bildern erzeugt wird, aber nicht ausgelebt werden kann, wird im Körper gespeichert. Ist der Kasten endlich aus, dann bricht diese aufgestaute Energie los und findet nur noch in ziellosen, zufälligen, hastigen Bewegungen ihren Ausdruck ... Die australischen Psychologen Merrelyn und Fred Emery sind in ihrer Arbeit über das Fernsehen ... so weit gegangen, ohne Einschränkungen zu behaupten, daß die zunehmende Verbreitung des Fernsehens in Australien zu einer direkt proportionalen Zunahme der Fälle von Überaktivität führen werde“ (Mander) (100).

„Ich vermute, daß der ständige rasche Bildwechsel im Fernsehen in ursächlichem Zusammenhang mit dem hyperkinetischen Syndrom steht ... Abgesehen von den eintönigen, gewaltstrotzenden Inhalten der Sendungen wird man mit ständig wechselnden Einstellungen und Brennweiten konfrontiert, so daß sich der Bezugspunkt des Zuschauers alle paar Sekunden verändert. Durch diese Technik wird eine kurze Aufmerksamkeitsspanne buchstäblich programmiert ... Ich vermute, daß das hyperaktive Kind versucht, die dynamische Qualität des Bildschirms durch rapide Veränderungen seiner Wahrnehmungsorientierung zu duplizieren“ (Winn) (101).

Fernsehen macht ungeduldig

„Die Ungeduld, sich mit schwierigen Gedankengängen zu befassen, nimmt zu“ (Noelle-Neumann) (102).

Fernsehen führt zu Unzufriedenheit mit der Schule

„Die Jugend wird natürlich zunehmend unzufriedener mit Schule und Lesen“ (Postman) (103).

Hier erweckt Postman tatsächlich den Eindruck, die Schule hätte den Kindern und Jugendlichen früher nur Spaß und Freude bereitet. Daß das eine wenig überzeugende Annahme ist, mag ein Zitat aus Stefan Zweigs Autobiographie belegen:

„Schule war für uns Zwang, Öde, Langeweile ... Es war ein stumpfes, ödes Lernen nicht um des Lebens willen, sondern um des Lernens willen, das uns die alte Pädagogik aufzwang. Und der einzige wirklich beschwingte Glücksmoment, den ich der Schule zu danken habe, wurde der Tag, da ich ihre Tür für immer hinter mir zuschlug“ (104).

Fernsehen führt dazu, daß die Kinder nicht mehr spielen. Die Kindheit verschwindet (105)

„Es bedarf kaum eines Teams von Sozialwissenschaftlern, um zu demonstrieren, daß das Fernsehen die Kinder vom Spielen abhält, denn das Spiel ist die Hauptbeschäftigung während der Kindheit“ (Winn) (106).

„Kinderspiele werden wahrscheinlich verschwinden“ (Postman) (107).

„daß Kindheit im Zeitalter des Fernsehens nie mehr in dem Sinne Kindheit sein werde, wie wir es gekannt haben, daß mit dem Fernsehen die Welt der Erwachsenen in die Kindheit eingebrochen ist, es gibt keine beschützte Kindheit mehr“ (Noelle-Neumann) (108).

3. Vom einfachen Denken

Es ist schon einigermaßen merkwürdig und des Nachdenkens wert: Die kulturkritische Literatur über das Fernsehen findet auf der einen Seite, nämlich bei den Kommunikationswissenschaftlern, ein einhellig negatives Echo; nicht nur in Einzelheiten, sondern vor allem auch in ihren Grundpositionen hängen nach Ansicht der Forscher populärwissenschaftliche Autoren wie Winn, Mander und Postman Vorstellungen an, die von der Wissenschaft längst als unhaltbar abgetan sind (dazu mehr im 4. Kapitel). Auf der anderen Seite finden diese Bücher ein riesiges, begeistertes Publikum. Mit dem, was diese Autoren verkünden und wie sie ihre Behauptungen präsentieren, sprechen sie offensichtlich einem bestimmten Teil unserer Bevölkerung aus der Seele. So lohnt es sich, einmal der Frage nachzugehen, worauf denn dieser Erfolg – allen wissenschaftlichen Einsichten zum Trotz – beruhen könnte. Das kann freilich hier nur in Form von Vermutungen und Spekulationen geschehen.

Der Erfolg dieser Kritik am Fernsehen liegt offenbar in einem Faktor, der kennzeichnend ist für die Autoren wie für ihr Publikum gleichermaßen: im einfachen Denken. Zwar sind die Pfade, auf denen die Autoren im einzelnen wandeln, auf den ersten Blick eher verschlungen, besinnt man sich jedoch auf die Grundaussagen, so bleiben fast immer nur noch schnurgerade Pisten übrig, die von einem (als sicher dargestellten) Ausgangspunkt zu einem (schon im voraus feststehenden) Ziel führen. Das Publikum weiß offensichtlich diese Geradlinigkeit der Grundgedanken zu schätzen.

Um es im voraus zu betonen: Einfachheit ist zunächst etwas durchaus Erstrebenswertes. Das Problem liegt nicht darin, komplexe Sachverhalte zu vereinfachen, sondern darin, daß diese Vereinfachung oft – und gerade in der Kulturkritik – über alles Maß hinausgeht.

Doch zunächst ein kurzer Blick auf das Publikum, auf die Leser, die nach dieser Literatur greifen. Postman nennt sie kurz und bündig „Kulturbeobachter und andere Pessimisten" (109). Ich möchte hier formelhaft den Begriff „Bildungsbürger" benutzen, und zwar ohne dabei gleich Wertungen mitzumeinen. Ganz subjektiv sehe ich diesen Typus, aus dem ja die tragende Schicht unseres Kulturbetriebes besteht, etwa so:

Der Bildungsbürger ist wohlerzogen und überdurchschnittlich gebildet. Kultur – im Sinne von Hochkultur – ist für ihn ein zentraler Wert an sich, ein absolutes Ideal. So nimmt er am kulturellen Leben regen Anteil. Er besucht Theater, Konzerte, Vorträge, Ausstellungen, Museen; gelegentlich geht er ins Kino, um einen künstlerisch wertvollen Film zu sehen. Der Bildungsbürger liest gute Bücher und gehobene Zeitschriften. Er ist sich seiner Verantwortung für Staat und Gesellschaft, Kinder und Jugendliche bewußt. Die nächste Generation soll „ordentlich" werden. Der Bildungsbürger denkt ökologisch und ist leistungsorientiert. Die Konsumhaltung der Masse lehnt er ab. Die Wissenschaft schätzt er hoch ein, beklagt zugleich aber auch das einseitig positivistische, rationalistische und materialistische Denken unserer Zeit. Fernöstlicher Mystizismus fasziniert ihn. Die Technik, vor allem, wenn sie überhand nimmt und nicht mehr zu durchschauen ist, bereitet dem Bildungsbürger Unbehagen. Er meint, in einer Krise nie dagewesenen Ausmaßes zu leben. Die Gegenwart ist düster, die Zukunft finster. Die Massenmedien sind zwar notwendig, aber auch gefährlich; das Fernsehen ist für ihn das schlimmste von allen Medien; zwar kann es ihm selbst, dem Bildungsbürger, wenig anhaben, wohl aber den vielen anderen, den Ungebildeten, den Kindern und Jugendlichen, den Labilen, den kriminell Veranlagten.

Diese Skizze vom „Bildungsbürger“ ist natürlich ein reines Konstrukt. Diesen Bildungsbürger gibt es so gar nicht. Insofern braucht sich auch niemand getroffen zu fühlen. Wenn wir trotzdem bei den weiteren Überlegungen hier und da auf diesen „Bildungsbürger“ zurückgreifen, dann immer nur im Sinne eines „Idealtyps“.

Wie ist es nun zu erklären, daß so viele gebildete und kultivierte Menschen auf dem Felde der Kulturkritik Propheten und Predigern nachlaufen, deren Thesen keinem gründlichen Duchdenken standhalten? Hier kommen wir wieder auf das einfache Denken zurück, genauer gesagt: auf das zu einfache Denken.

Der Mensch kann sich in dieser Welt nur behaupten, wenn es ihm gelingt, *Komplexität zu reduzieren.* Von den physikalischen Wahrnehmungsreizen her ist die Welt zunächst ein Chaos. Der Mensch wäre völlig orientierungslos – und das heißt: nicht lebensfähig –, wäre er nicht in der Lage, aus dem Chaos von sich aus einen Kosmos zu machen, also Sinn, Bedeutung und Struktur zu schaffen. Das ist im Prinzip das, was die Systemlehre als „Reduktion der Komplexität“ bezeichnet. Doch soll uns hier weniger die (selber hochkomplexe und sehr abstrakte) Systemtheorie beschäftigen als die Frage, wie diese Reduktion auf der schlichten Alltagsebene vor sich geht und was dieser Prozeß des Vereinfachens (und oft genug des Über-Vereinfachens) für den Menschen bedeutet.

Reduktion von Komplexität ist also ein lebensnotwendiger Prozeß, eine nie endende Aufgabe. Dafür stehen dem Menschen mehrere Instrumente zur Verfügung, die alle eng miteinander zusammenhängen, so beispielsweise: Abstraktion mitsamt Begriffs- und Kategorienbildung; Selektion; Sinn- und

Bedeutungszuweisung, Projektion, Akzentuierung; Dichotomien (Denken in einfachen Gegensatzpaaren); Kausaldenken (oft als Monokausalität); Herstellen von kognitiver Konsonanz; Stereotype; die „Sündenbock-Technik". Aus dieser Reihe greifen wir kurz diejenigen „Mechanismen" heraus, die für unsere Überlegungen besonders wichtig erscheinen.

Abstraktion mit Hilfe von Begriffen und Kategorien ist das grundlegende, spezifisch menschliche Instrument, um die Welt überschaubarer zu machen und mit ihr umgehen zu können. Wie weit man dabei mit der Abstraktion geht, wie locker oder wie präzise man die Begriffe bestimmt, hängt von der Situation und vom jeweiligen Zweck ab. Nur wenn Begriffe möglichst eindeutig sind, wenn man also klar sagt, was man mit einem Wort meint, wird der Angesprochene die gemeinte Bedeutung hinreichend „richtig" verstehen. Das setzt freilich voraus, daß man die „Anstrengung des Begriffs" auf sich nimmt. Und das ist keineswegs immer der Fall. Vielfach – und ganz besonders in der kulturkritischen Literatur – läßt man die Begriffe, auch und gerade die zentralen und grundlegenden, vage, dunkel, unbestimmt. Das könnte einfach Nachlässigkeit sein, aber oft drängt sich der Verdacht auf, daß die Autoren ganz bewußt und absichtlich so vorgehen; denn mit diesem Taschenspielertrick, den der Leser meist gar nicht durchschaut, läßt sich wunderbar argumentieren und manipulieren: Unmerklich legt man einem allgemein gehaltenen Begriff bald diese, bald jene Bedeutung zu und kann so nahezu alles „beweisen", „belegen", „glaubhaft machen". Mit einer präzisen Terminologie wäre das so nicht möglich. – An Beispielen aus der kulturkritischen Literatur für ein derartiges „lässiges" Umgehen mit Begriffen mangelt es nicht. Wir erinnern nur an Worte wie „Unterhaltung", „Politik", „öffentlicher Diskurs", „Bildung", „Information", „Sekundärerfahrung", „Passivitität", „Gewalt". In den meisten Fällen überlassen es hier die Autoren wohlweislich ihren Lesern, die jeweilige Bedeutung selbst zu bestimmen.

Ein Höchstmaß an Vereinfachung, an Reduktion erreicht der Mensch, wenn er in *Dichotomien* denkt, wenn er also die Phänomene auf ein simples Gegensatzpaar bringt: gut-böse, schwarz-weiß, richtig-falsch, entweder-oder.

> „Es ist verlockend, alle Kategorien nach der Einteilung von ‚gut' und ‚schlecht' zu ordnen. Tut man das, erleichtert man sich seine Anpassung erheblich. Erleichterung schaffen auch andere Arten von zweiwertigen Sätzen: Es gibt eine richtige und eine falsche Art, etwas zu tun, alle Frauen sind entweder rein oder schlecht, schwarz ist schwarz und weiß ist weiß, und Grautöne gibt es nicht" (Allport) (110).

Dichotomien bedeuten – wie gesagt – die extreme Vereinfachung im Denken. Sie sind aufs äußerste bequem; entheben sie doch den Menschen der Aufgabe, die Grauabstufungen zwischen Schwarz und Weiß zu bestimmen. Entweder – oder: das ist eine klare Alternative; Differenzierungen, Schattierungen, Zwischenstufen könten da nur belasten und verwirren. – Mit dieser Extremform von Reduktion arbeiten nun auch die Kulturkritiker gerne und häufig, wenn auch oft nur verschleiert: Lesen ist gut – Fernsehen ist schlecht; früher war alles gut – heute ist alles schlecht; ohne Fernsehen ist der Mensch aktiv – mit Fernsehen ist er passiv. Der Leser bedankt sich für dieses übereinfache Denken, indem er rückhaltlos zustimmt.

Ein weiteres Mittel, die Realität zu verstehen und durchschaubar zu machen, ist das *Kausaldenken.* Wenn immer wieder unter gleichen Bedingungen ein Phänomen auf ein bestimmtes anderes folgt, interpretieren wir das vorausgehende als Ursache, das folgende als Wirkung. Hält diese Beziehung wiederholter systematischer Prüfung stand, so konstruieren wir daraus „Gesetze". Die fundamentale Bedeutung des Kausaldenkens liegt also darin, daß es dem Menschen dazu dient, die Welt zu erklären, indem es Antworten auf die existentielle Urfrage nach dem Warum gibt.

> „Wir haben ein unstillbares Bedürfnis nach Erklärung. Nichts darf einfach nur herumgeistern, alles muß im System der Dinge seinen Platz haben. Selbst das kleine Kind fragt. ‚Warum, warum, warum?‘ Als Antwort für dieses Bedürfnis nach Bedeutung hat jede Kultur der Welt eine Antwort auf alle Fragen bereit, die gestellt werden können. Keine Kultur sagt einfach: ‚Das wissen wir nicht.‘ Statt dessen gibt es Mythen über die Erschaffung der Welt, Legenden über die Entstehung des Menschen und Enzyklopädien voller Wissenschaft. Am Ende des Weges steht jeweils eine leitende Religion, die alle Schwierigkeiten beantwortet“ (Allport) (111).

Die Tendenz des Menschen, möglichst alles Geschehen kausal zu erklären, ist also etwas ganz Normales. Normal erscheint es auf den ersten Blick auch, wenn der Mensch dazu neigt, das Geschehen aus *einer* Ursache heraus zu erklären, das heißt: monokausal zu denken. Diese Art der Welterklärung kommt dem Reduktionsbedürfnis in hohem Maße entgegen. Nun zeigt freilich schon die Alltagserfahrung, daß es häufig schwierig und manchmal unmöglich ist, eindeutige monokausale Beziehungen herzustellen. Man spricht dann davon, daß einem Phänomen offensichtlich mehrere Gründe oder Ursachen zuzuschreiben sind. Diese Einsicht haben die Sozialwissenschaften zu einem Grundprinzip ihres gegenwärtigen Denkens erhoben: Im Bereich des Sozialen – so dieser Ansatz – ist es nur in seltenen Fällen sinnvoll und berechtigt, monokausale Zusammenhänge anzunehmen. In aller Regel müssen wir von einem komplexen Geflecht von Ursache-Faktoren ausgehen. Monokausale Erklärungen reichen meist nicht nur nicht aus, sie sind auch geeignet, durch Übervereinfachung ein falsches Bild zu suggerieren. Eben dieser Vorwurf trifft auch die Kulturkritik und speziell die Kritik am Fernsehen: Wenn dem Fernsehen die Schuld für alle möglichen Schäden und Mißstände in unserer Gesellschaft zugeschoben wird, so ist das Ausdruck eines simplen monokausalen Denkens, eines Denkansatzes also, der für komplexe Probleme der Medienwirkungen unangemessen ist.

Ein weiterer, in der Kulturkritik nicht selten anzutreffender Kurz-Schluß ist das Verwechseln von Korrelationen mit Kausalerklärungen. Jeder Statistik-Student lernt im ersten Semester, daß es unzulässig ist, aus der Tatsache, daß zwei Beobachtungsreihen miteinander korrelieren, einfach auf Kausalbeziehungen zu schließen, dergestalt, daß das eine Phänomen Ursache für das andere wäre. Manche Kulturkritiker scheinen davon nichts gehört zu haben, was um so verwunderlicher ist, als sie sich ansonsten in den Talar des Wissenschaftlers zu hüllen pflegen.

Noch bedenklicher ist das Verfahren, Korrelationen hinzustellen und mit einem vagen Hinweis es dem Leser nahezulegen, seine Schlüsse über Kausalzusammenhänge selber zu ziehen. Hier ein Beispiel:

> „Erschreckende Realitätsverzerrungen sind bei unter 30jährigen häufiger festgestellt worden als bei älteren: Diese sind tatsächlich die erste Generation, die von der Wiege an mit dem Fernsehen aufgewachsen ist" (Atteslander) (112).

Reduktion, in welcher Form auch immer, ist also – um diese Überlegungen abzuschließen – ein Instrument, ohne das der Mensch nicht existenzfähig wäre. Gefährlich wird Reduktion allerdings, sobald sie von der komplexen Welt nur noch einige stereotype Schemata übrigläßt. Die pessimistische Kritik am Fernsehen macht sich ständig einer solchen Übervereinfachung schuldig. Und die Menge der Bildungsbürger folgt bereitwillig.

Ergänzend sei dem angefügt: Es gibt auch einen Gegentypus, nämlich jenen Menschen, der bereit und in der Lage ist, Unbestimmtheiten und Schattierungen zu akzeptieren und die Belastungen eines differenzierenden Denkens auf sich zu nehmen. Dieser Typus, den Allport die „tolerante Persönlichkeit" nennt, ist gekennzeichnet durch

> „größere Differenzierung der Kategorien, durch größere Toleranz gegen Mehrdeutigkeit, durch größere Bereitschaft, Unwissenheit zuzugeben, und durch einen gewohnheitsmäßigen Skeptizismus gegen monopolistische Kategorien" (Allport) (113).

Sowohl der Vereinfachung komplexer Sachverhalte als auch zugleich der psychischen Entlastung dient schließlich die *„Sündenbock-Technik"*. Der Mensch entlastet sich, indem er seine eigenen „Sünden", seine Schuld, sein Versagen einem „Sündenbock" auflädt, der dann nicht nur diese Last zu tragen hat, sondern den man auch – in einem weiteren Schritt – verantwortlich machen kann für alle Mißstände, für Unheil, Katastrophen, Ungerechtigkeiten, kurz: für alles Übel, das einer „Erklärung" bedarf. Hier spielt also wieder das Kausaldenken mit hinein: der Sündenbock als Ursache für Phänomene, die der Mensch als „Wirkungen" von etwas verstehen möchte.

Das Bild vom Sündenbock entstammt dem Alten Testament. Im 3. Buch Mose 16, 20–22 heißt es:

> „Und wenn er vollbracht hat das Versöhnen des Heiligtums und der Hütte des Stifts und des Altars, so soll er den lebendigen Bock herzubringen. Da soll denn Aaron seine beiden Hände auf sein Haupt legen und bekennen auf ihn alle Missetat der Kinder Israel und alle ihre Übertretung in allen ihren Sünden; und soll sie dem Bock auf das Haupt legen, und ihn durch einen Mann, der bereit ist, in die Wüste laufen lassen, daß also der Bock alle ihre Missetat auf sich in eine Wildnis trage; und er lasse ihn in die Wüste."

Ein genialer Kunstgriff zur Entlastung also; die Psychoanalyse spricht in ganz ähnlicher Bedeutung von „Projektion".

„Die hier im Spiel befindliche Denkweise ist gar nicht ungewöhnlich. Aus Urzeiten her besteht die Annahme, daß Schuld und Unglück vom Rücken eines Mannes auf einen anderen umgeladen werden können. Animistisches Denken verwechselt Physisches und Geistiges. Wenn eine Holzlast übergeben werden kann, warum nicht auch eine Sorgenlast oder eine Schuldenlast. Heutzutage würden wir einen solchen seelischen Prozeß wahrscheinlich Projektion nennen. In anderen Menschen sehen wir die Angst, den Zorn und die Lust, die vorrangig in uns selbst vorhanden sind. Nicht wir selbst sind für unser Unglück verantwortlich, sondern andere Leute" (Allport) (114).

Jede Gruppe, jede Gesellschaft braucht ihren Sündenbock, und hat man einmal keinen, so muß man einen finden. Bei wem denn sonst sollte man die Schuld suchen für all das, was nicht so ist, wie es sein solltc?

Das bedeutet: Die Ursache des Übels will der Mensch in der Regel nicht in unpersönlichen Mächten, abstrakten Kräften oder komplexen Faktorenkonstellationen sehen. Als Sündenbock braucht er vielmehr etwas Konkretes, Sichtbares, Lebendiges oder etwas symbolhaftes Verkörpertes. Besonders häufig dienen als Sündenbock wehrlose Minoritäten, die sich schon äußerlich, also auf den ersten Blick erkennbar, von der Majorität unterscheiden. Die Weltgeschichte ist voll von Beispielen; erinnert sei an die Christen im alten Rom, später dann Hexen, Juden, Kommunisten, Ausländer. Aber auch Institutionen können als Sündenböcke dienen, vorausgesetzt, sie sind allgemein bekannt, weithin sichtbar und bis zu einem gewissen Grade personifiziert. Beispiele wären etwa das Papsttum, der Kreml, das Pentagon, der Springer-Konzern und, last not least, das Fernsehen.

Nun ist gewiß das Fernsehen nicht der einzige Sündenbock unserer Tage, doch ist unverkennbar, daß diesem Massenmedium heute weithin diese Rolle zufällt. Damit stellt sich die

Frage, warum gerade das Fernsehen für bestimmte Teilgruppen der Bevökerung als Sündenbock herhalten muß. Diese Frage bedürfte einer eigenen Untersuchung, für die hier nicht der Ort ist. Einige kurze, spekulative Überlegungen müssen genügen.

Der zentrale Punkt scheint darin zu liegen, daß sich beim Bildungsbürger ein Spannungsverhältnis zwischen der Verpflichtung zu „gehobener" Kultur und dem „Massen"-Medium Fernsehen herausbildet. Die meisten „Normalbürger" haben mittlerweile – wenn nicht alles täuscht – das Fernsehen ihrem Alltagsleben als einen wenig problematischen Bestandteil eingefügt. Dem Bildungsbürger dagegen war und blieb dieses Medium unheimlich und verdächtig. Zwar sieht auch er fern, aber im Grunde widerspricht das Fernsehen allen seinen Vorstellungen von Kultur und kulturbewußter Wertorientierung. Ein technisches Instrument, das täglich viele Stunden Programme anbietet, die zum großen Teil der Unterhaltung der „Masse" dienen, kann nur „Un-Kultur" sein. Sicherster „Beweis" dafür ist allein schon die Tatsache, daß die meisten Fernsehsendungen große und nicht selten riesenhafte Publika finden. Wirklich edle Kultur kann das nicht sein, denn die ist ja doch immer nur Angelegenheit einer kleinen Elite.

Das Fernsehen als Alltagsbeschäftigung fügt sich auch nicht den Vorstellungen des Bildungsbürgers ein, wie man „eigentlich" leben sollte. Die wertvolle, kostbare, unwiederbringliche Zeit, die dem Menschen gegeben ist, sollte man sinnvoll nutzen; lesen sollte man, musizieren, wandern, sich mit den Kindern beschäftigen, gute Gespräche führen, nicht aber stundenlang vor dem Bildschirm sitzen und sich mit Fertigprodukten vollstopfen lassen. So ist es nicht verwunderlich, wenn mehrere Untersuchungen zeigen, daß die Tätigkeit Fernsehen gerade bei „Gebildeten" oft von Schuldgefühlen begleitet ist. Und diese „Schuld" packt der Zuschauer dem Fernsehen selbst als Sündenbock auf.

Der Bildungsbürger, ohnehin also schon mißtrauisch gegenüber dem Fernsehen, findet nun seinen diffusen Argwohn in der kulturkritischen Literatur nicht nur bestechend artikuliert, sondern auch rundum bestätigt, zumal ja auch das, was er da liest, dort so steht, als sei es wissenschaftlich bewiesen. Und an die Wissenschaft glaubt der Bildungsbürger. Nun weiß er es mit Gewißheit: Das Fernsehen ist schlimm, verderblich, gefährlich. Nun weiß er, warum es so übel um unsere Gesellschaft bestellt ist und warum unsere Kultur verfällt: Mit dem Fernsehen amüsieren wir uns zu Tode. Der Sündenbock ist gefunden. Der Bildungsbürger atmet auf und entspannt sich; er darf nun mit Behagen tiefbesorgt sein, er kann seinen – nunmehr begründeten – Pessimismus genießen. Außerdem ist es ein gutes Gefühl, klarer und weiter zu blicken als die dumpfe Masse, die gar nicht ahnt, daß sie mit dem Fernsehen ins Verderben rennt.

Da es jedoch „den“ Bildungsbürger gar nicht gibt, sind das alles lediglich „idealtypologische“ Überlegungen.

4. Perspektiven der Kommunikationswissenschaft

Im Verlauf unserer Überlegungen haben wir bereits mehrfach darauf hingewiesen: In fast allen grundlegenden und entscheidenden Punkten denken die Kommunikationswissenschaftler anders als jene Kulturkritiker, die sich mit dem Fernsehen und seinen Gefahren befassen und die Schäden, die dieses Medium anrichtet, als unstrittig und „bewiesen" darstellen. So ist denn auch der erfolgreichste kulturkritische Autor – Neil Postman – in fachwissenschaftlichen Kreisen fast durchweg auf herbe Kritik, ja auf strikte Ablehnung gestoßen. Es wäre reizvoll, die Abweichungen zwischen beiden „Lagern" systematisch im einzelnen zu untersuchen. Das ist hier nicht möglich, für unsere Zwecke auch nicht nötig. Einige kurze Hinweise mögen andeuten, wo die Differenzen zu suchen sind.

Zur Komplexität des Gegenstandes

Kommunikationswissenschaftler betonen immer wieder nachdrücklich, sie hätten es mit einem komplexen Forschungsgegenstand zu tun, mit einem Aufgabenbereich, dessen Erforschung mit besonderen Schwierigkeiten verbunden ist. Was ist mit dieser „Komplexität" gemeint?

Massenkommunikation ist zu verstehen als ein Prozeß, an dem eine Vielzahl von Faktoren mitwirkt. In der Fachsprache heißen diese Faktoren „intervenierende Variablen". Variablen sind Merkmale oder Eigenschaften, die verschiedene Ausprägungen annehmen können. „Intervenierend“ bedeutet, daß diese Merkmale, indem sie verschiedene Größen annehmen, in den Gesamtprozeß eingreifen und dessen Verlauf beeinflussen.

Doch ist es nicht die Vielzahl allein, die den Gegenstand so „komplex“ macht. Vielmehr kommt noch ein entscheidender Sachverhalt hinzu: Diese Faktoren „wirken“ nicht einzeln, isoliert, voneinander unabhängig, sondern die meisten von ihnen sind funktional miteinander verbunden, sie sind „interdependent“, sie hängen wechselseitig voneinander ab; und das bedeutet: Veränderungen eines Faktors haben fast immer auch bestimmte Veränderungen anderer Faktoren zur Folge.

Die Wirkungsforschung hat es somit nicht nur mit sehr vielen Faktoren zu tun, sondern darüber hinaus mit einem außerordentlich schwer durchschaubaren Interdependenzgeflecht. Eben dies ist es, was man heute in der Wirkungsforschung meint, wenn man von Komplexität spricht.

Mit der Einsicht in die Vielzahl der beteiligten Faktoren und in die Komplexität der Zusammenhänge zwischen diesen Faktoren hat sich das Problemfeld der Medienwirkungen ungemein ausgeweitet, und diese Tatsache zwingt die Wirkungsforschung zu neuen und schwierigen Denkansätzen.

In der Lehre von der Massenkommunikation pflegt man vier Hauptfaktoren zu unterscheiden: Kommunikator, Aussage, Medium, Rezipient. Jeder dieser Faktoren für sich, aber auch die dynamischen Beziehungen jedes Faktors zu jedem anderen Faktor lassen sich in eine Fülle von Teilfaktoren aufgliedern, die allesamt als intervenierende Variablen zu verstehen sind. Das gilt auch und ganz besonders für den Hauptfaktor „Rezipient“. Eine neue Betrachtungsweise erwies sich als notwendig: Anfangs hatte man in schlichtem Kausaldenken die Aussage als unabhängige Variable und die Reaktion des Rezipienten als abhängige Variable verstanden. Das hieße freilich, daß alle Rezipienten auf eine bestimmte Aussage mehr oder weniger gleich reagieren müßten. Und tatsächlich scheint – wenn auch nur unausgesprochen – eine solche Vorstellung in den frühen Wirkungstheorien mitgespielt zu haben. Dem steht allerdings die Alltagsbeobachtung entgegen, daß verschiedene Menschen auf einen bestimmten „Reiz" oft höchst unterschiedlich reagieren. In der Fachsprache heißt das aber: Der Mensch, der Rezipient selbst erweist sich als eine intervenierende Variable. Von dort aus ist es nur noch ein kleiner Schritt zu der Erkenntnis, daß der Rezipient nicht als *eine* Variable, sondern als ein hochkomplexes Bündel einer Vielzahl von Faktoren zu denken ist. Derartige Faktoren sind aus Psychologie und Soziologie in Fülle bekannt: Intelligenz, Extra- und Introvertiertheit, Beeinflußbarkeit, Begabungen, Wertorientierungen; Alter, Beruf, Bildung, Familiengröße, soziale Schicht usw. (115).

Diese hier nur grob skizzierte Komplexität, in der Kommunikationswissenschaft mittlerweile als Grundlage der gesamten Forschung über Massenmedien und ihre Wirkungen betrachtet, ist offenbar von der Kulturkritik noch nicht entdeckt worden. Von einem differenzierten Denken, wie es diese Komplexität erfordert, ist dort jedenfalls nur wenig zu merken.

Begrenzte Wirkkraft der Medien

Hätten die Kulturkritiker den Variablenansatz der Kommunikationswissenschaft zur Kenntnis genommen, wären sie vermutlich etwas vorsichtiger mit ihren Behauptungen über die schädlichen Folgen des Fernsehens. Eine wichtige Konsequenz dieses komplexen Ansatzes ist nämlich die Einsicht, daß die Medien – zum mindesten im kognitiven Bereich, also bei der Beeinflussung von Wissen und Einstellungen – keineswegs so allmächtig sind, wie man früher angenommen hatte. Für diese

„Omnipotenz“ meinte man gewichtige Argumente ins Feld führen zu können. Hatte die Weltgeschichte nicht immer wieder gezeigt, wie beeinflußbar die „Massen“ sind? Spielten dabei nicht die publizistischen Medien eine entscheidende Rolle? Und gibt es einen besseren Beweis für die Medienallmacht als die Propagandaerfolge des äußerst medienbewußten Nationalsozialismus und anderer autoritärer Systeme?

Diese Ansicht paßte gut zu den älteren Grundkonzepten der Publizistikwissenschaft. Dort ging man von einfachen Kausalprozessen mit der Aussage als „Ursache“ und den Veränderungen als „Wirkungen“ aus, und diese Vorstellung besagte: Wenn man nur die Aussage „richtig“ (im Sinne der Zielsetzung) gestaltet, dann werden sich die gewünschten Wirkungen zwangsläufig, gleichsam von selbst einstellen. Zwar waren damals die meisten Wissenschaftler und Praktiker nicht so naiv anzunehmen, jedes Individuum würde genau gleich auf die Aussage reagieren; aber auf individuelle Varianten, verstanden als Abweichungen vom Durchschnitt, kam es unter dem Zweckaspekt nicht an, wenn nur die „Masse“ „richtig“ reagierte.

Inzwischen haben die Forscher ihre Vorstellungen von der Stärke und Reichweite der Medienwirkungen beträchtlich differenziert und teils auch korrigiert:

Die Propagandaerfolge der Nationalsozialisten erklären wir uns heute aus der damaligen ganz speziellen historischen Konstellation heraus, aus der Situation, in der sich das deutsche Volk damals befand, sowie aus der sorgsam durchdachten, rücksichtslosen Ausnutzung sämtlicher verfügbarer Medien bei einer umfassenden Kontrolle des publizistischen Apparates durch das totalitäre Herrschaftssystem mit einer heute nicht mehr möglichen Abschottung nach außen.

Vor allem aber wandelten sich die Auffassungen der Wissenschaftler von ihrem Forschungsgegenstand, also von der Massenkommunikation. Je mehr sich die Forscher mit den am Kommunikationsprozeß beteiligten Faktoren beschäftigten und je mehr dieser Faktoren sie „entdeckten" und untersuchten, um so fragwürdiger wurde das Konzept von der einfachen (Mono-) Kausalität. Zum einen erkannten sie, daß sie es mit einem hochkomplexen Geflecht interdependenter Faktoren zu tun haben; und zum anderen begegneten sie bestimmten Faktoren, die geeignet sind, mögliche Wirkungen zu bremsen, abzuschwächen oder gar zu verhindern. Diesen „Gegenkräften" oder „Korrekturfaktoren" widmete die Kommunikationsforschung besondere Aufmerksamkeit, und dadurch sind wir heute in der Lage, die Reichweite wie auch die Grenzen der Medienwirkkraft besser zu verstehen und realistischer einzuschätzen. Wegen dieser ihrer Bedeutung seien hier die wichtigsten „Korrekturfaktoren" kurz erläutert, nämlich

- die vorhandene Attitüden-(Einstellungs-) Struktur des Rezipienten
- persönliche Kommunikation
- Gruppenzugehörigkeit.

Vorhandene Attitüdenstruktur: Der erwachsene Mensch begegnet den Aussagen, die durch Massenmedien an ihn herangetragen werden, nicht als „tabula rasa", sondern mit bereits vorhandenen Einstellungen, mit „präexistenten" Attitüden, mit einer im Laufe des Lebens gewachsenen und oft sehr verfestigten Struktur von Bewertungs- und Reaktionsdispositionen. Das bedeutet: Vielen meinungsbildenden Aussagen steht der Mensch bereits vorgeformt und in bestimmte Richtungen tendierend gegenüber. Das wirkt sich aus sowohl bei der Auswahl dessen, was er auf sich einwirken lassen will, als auch im Wahrnehmen, Erleben, Verarbeiten und Bewerten der Aussage. Diesen Prozeß, den die Psychologen in zahlreichen Untersuchungen nachweisen konnten, erfaßte man mit der von Festinger geprägten Formel von der „kognitiven Dissonanz": Der Mensch versucht, in seinem Wahrnehmen und Verhalten

Dissonanzen zu vermeiden zwischen dem, was ihm in der Umwelt begegnet und der präexistenten Attitüdenstruktur. Er versucht, kognitive Dissonanzen zu verhindern; er organisiert sein Erleben und Verhalten auf kognitive Konsonanz hin. Durch diese Tendenz wird auch seine Auswahl aus dem Medienangebot mitgesteuert (selektive Mediennutzung).

Wenn also die potentiellen Rezipienten schon vorher annehmen und befürchten, durch die Aussagen in ihren bereits vorhandenen Ansichten verwirrt oder erschüttert zu werden, dann lassen sie diese Aussagen, wenn möglich, gar nicht erst an sich herankommen. So ist es zu verstehen, daß die Wähler im Wahlkampf meist nur die Aussagen ihrer favorisierten Partei konsumieren, während sie andere Ansichten von sich weisen. Viele Aussagen der Massenmedien erreichen somit nur einen ganz bestimmten Teil des Publikums, bei dem sie dann die vorhandenen Attitüden verstärken.

Das Konzept vom Streben nach kognitiver Konsonanz bedeutet somit: Die Beeinflussung ist in der Regel um so stärker, je mehr die empfangenen Aussagen mit den Attitüden des Rezipienten übereinstimmen. Wirkungsmöglichkeiten ergeben sich vor allem, wenn sich der Rezipient in der Angelegenheit, um die es in der Aussage geht, noch nicht festgelegt hat, oder wenn er sich überhaupt noch nicht mit dem betreffenden Gegenstand befaßt hat, oder wenn er – etwa in Krisensituationen – ein außergewöhnliches Informationsdefizit bei starkem Informationsbedarf hat. – Bei einer krassen Dissonanz zwischen der Aussage und den präexistenten Dispositionen kommen entweder gar keine Wirkungen zustande, oder die Wirkungen laufen den Absichten des Kommunikators zuwider („Bumerang-Effekt"). Allerdings wurden in den letzten Jahren in zunehmendem Maße Bedenken gegen die Theorie von der kognitiven Dissonanz laut. Zwar bestreitet kaum jemand, daß es eine Tendenz zu kognitiver Konsonanz gibt und daß dieses Konzept erlaubt, eine Reihe von Kommunikationsphänomenen sinnvoll zu interpretieren; doch häufen sich Studien, deren Ergebnisse sich nicht ohne weiteres mit der Dissonanztheorie vereinbaren lassen. Neben dem Streben nach Gleichgewicht, nach Harmonie und Konsonanz gibt es noch andere psychische „Kräfte", die unter bestimmten Bedingungen stärker sind.

Persönliche Kommunikation: Zwischen Massenkommunikation und persönlicher Kommunikation bestehen enge Zusammenhänge. Die persönliche Kommunikation bildet einen jener sozialen Faktoren, die den Wirkungsprozeß mitbestimmen. Um diesen Zusammenhängen genauer nachzugehen, wurde in mehreren Untersuchungen die Wirksamkeit der direkten Kommunikation mit derjenigen der Massenkommunikation verglichen. Nahezu einstimmig kommen diese Studien zu dem Ergebnis: Unter vergleichbaren Bedingungen ist die unmittelbare persönliche Begegnung der Massenkommunikation überlegen. Wenn nun die Aussagen der Massenmedien nicht mit denjenigen übereinstimmen, die von Familienangehörigen, Freunden, Bekannten, Kollegen usw. in persönlichen Gesprächen geäußert werden, wenn es also zu Konflikt und Konkurrenz zwischen diesen beiden Kommunikationsarten kommt, besteht durchaus die Möglichkeit, ja Wahrscheinlichkeit, daß so manche Medieneinflüsse gebremst, neutralisiert oder gar ins Gegenteil verkehrt werden. Persönliche Kommunikation kann sich somit als „Gegenkraft" oder „Korrekturfaktor" auswirken.

Gruppenzugehörigkeit: Auch die Gruppenzugehörigkeit zählt zu den beteiligten sozialen Faktoren, und zwar durch die stark motivierenden Normen jener Gruppen, denen der Rezipient angehört. Daher entwickelt der Mensch häufig Widerstände gegenüber Beeinflussungsversuchen, die zu den Gruppennormen in Widerspruch stehen. Und diese Widerstände sind um so stärker, je mehr sich das Individuum mit einer Gruppe und deren Normen identifiziert.

Die „Entdeckung“ dieser „Abwehrkräfte“ und zahlreicher anderer im Wirkungsprozeß mitspielender Faktoren sowie die damit verbundene Abkehr vom Denken in einfachen Kausalzusammenhängen führte zeitweilig zu der Ansicht, mit der Wirksamkeit der Medien sei es überhaupt nicht weit her. Allenfalls könnten die Medien bereits vorhandene Einstellungen verstärken. Man richtete die Aufmerksamkeit auf die beteiligten Faktoren und insbesondere auf die „Korrekturfaktoren“ und verlor dabei nicht selten die Wirkungen aus dem Blick. So konnte die These von der Ohnmacht der Medien aufkommen, eine These, die in dieser Absolutheit sicher genauso verfehlt ist wie die von der Allmacht.

Während also bei der ursprünglichen einfach-kausalistischen Betrachtungsweise die Medienwirkungen überschätzt wurden, besteht bei allzu starker Betonung der beteiligten Faktoren die Gefahr, die Wirkungen zu unterschätzen. Die gegenwärtige Wirkungsforschung bemüht sich, auf der Basis empirischer Forschungsergebnisse eine angemessene Mittelposition zwischen den Extremen zu finden.

Die Kulturkritiker dagegen gehen offensichtlich mit ihren Thesen über die Wirkungen des Fernsehens nach wie vor von der „Allmacht“ der Medien aus. Die neueren Perspektiven der Wissenschaft scheinen sie nicht zu interessieren – vielleicht weil sie ihnen ihre eigene schöne Argumentation verderben könnten?

Monokausale Erklärungen reichen nicht aus

Wenn die Kulturkritiker das Fernsehen für alle möglichen Mißstände, Schäden, Fehlentwicklungen verantwortlich machen, so beweisen sie, daß sie im monokausalen Erklärungsdenken befangen sind. Die Wissenschaft dagegen versteht das Fernsehen als einen Wirkfaktor unter vielen innerhalb eines komplexen Geflechts, als einen Faktor, den man nicht einfach isolieren und dann als Ursache für Wirkungen interpretieren kann.

Nahezu einmütig sprechen sich heute die Wirkungsforscher gegen eine „Monokausalität" als Grunderklärungsprinzip für Medienwirkungen aus. Allgemein gilt heute die Auffassung: Wenn an Wirkungsprozessen stets viele Faktoren beteiligt sind, die auf sehr komplexe Weise miteinander zusammenhängen, dann gibt es in der Realität nur selten Fälle, die eindeutig monokausaler Art sind; nur selten lassen sich beobachtete Veränderungen auf einen einzigen Faktor als Ursache zurückführen. Oft ist es äußerst schwierig und manchmal unmöglich, das Knäuel der mitspielenden, untereinander interdependenten Faktoren so zu entwirren, daß klare Faktoren- und Prozeßstrukturen sichtbar werden.

Mit dem Konzept von der Plurikausalität treten die Wissenschaftler jenen Fällen entgegen, in denen die Menschen sich die Erklärung von Medienwirkungen allzu leicht machen, indem sie einfache Kausalzusammenhänge konstruieren. Beispiele für solche falschen, schiefen, halbwahren und oft viel zu pauschalen Behauptungen haben wir in Fülle beschrieben. Hier – so meinen die Forscher – müsse zunächst exakt festgestellt werden, ob die behaupteten Phänomene tatsächlich so stimmen; und wenn sie stimmen, dann leugnen die Wissenschaftler keineswegs, daß Verbindungen zu Medieneinflüssen bestehen mögen, sie lehnen aber derartige Monokausalitäten in der Regel als zu simple Erklärungen ab.

Kurz-Schlüsse von Inhalten auf Wirkungen

Der Kulturkritik, die im Fernsehen die Ursache allen Übels sieht, erscheint es offenbar „selbstverständlich", daß man von den Inhalten des Fernsehens unmittelbar und direkt auf die entsprechenden Wirkungen bei den Rezipienten schließen kann. Jedenfalls tut sie dies ständig ohne Bedenken; als Musterbeispiel sei hier nur dieser Kurz-Schluß angeführt: Weil in den Fernsehprogrammen zahlreiche Gewalttaten vorkommen, werden Menschen, die viel fernsehen, zwangsläufig selber gewalttätig, brutal, aggressiv.

Dieses Vorgehen verstößt gleich gegen mehrere grundlegende Erkenntnisse der Kommunikationswissenschaft: Zunächst einmal liegt hier wiederum ein simples Monokausaldenken vor, mit dem man den tatsächlichen Prozessen bei Medienwirkungen nicht gerecht wird. Zweitens bedenken die Kritiker dabei nicht die Vielzahl und Vielfalt der an Wirkungsprozessen beteiligten Faktoren, zu denen ja auch – wie gezeigt – bestimmte „Gegenkräfte" gehören. Und drittens verkennen die Kritiker mit ihrem starren, mechanistischen Menschenbild (von dem im nächsten Abschnitt die Rede sein wird), daß die Rezipienten mit den Aussagen der Medien auf eigene, subjektive Art und Weise umgehen, daß also viele Menschen das, was im Fernsehen gezeigt wird, oft ganz anders wahrnehmen, erleben, interpretieren und darauf ganz anders reagieren, als das die Kommunikatoren, Forscher und Kulturkritiker aus ihrer Sicht heraus annehmen und erwarten. Um bei unserem Beispiel zu bleiben: Gewalttaten auf dem Bildschirm werden häufig von den Zuschauern gar nicht als solche erlebt, während andererseits Handlungen, die auf den ersten Blick nichts mit Gewalt zu tun haben, durchaus für Zuschauer den Charakter von Gewalt haben können.

Solche Kurz-Schlüsse von Inhalten auf Wirkungen sind häufig anzutreffen, manchmal sogar noch bei Wissenschaftlern, vor allem aber in der Kulturkritik. Sie werden von den Lesern selten als fragwürdig durchschaut, denn in ihrer schlichten Direktheit leuchten derartige Gedankengänge ein. Sie werden aber keineswegs dadurch akzeptabler, daß sie bei oberflächlichem Denken akzeptiert werden.

Zum Bild vom Menschen

Ein entscheidender Schwachpunkt der Kommunikationswissenschaft in ihrer Anfangsphase lag darin, daß sie mit einem starren, mechanistischen Menschenbild, mit der Vorstellung vom passiven Rezipienten arbeitete, der auf bestimmte „Reize“ in bestimmter Form „reagiert“. Während aber die Forschung diese Sichtweise längst als unzulänglich und irreführend ad acta gelegt hat, operiert die Kritik am Fernsehen munter mit den überholten Vorstellungen weiter, so als gäbe es keine neueren Einsichten in der Kommunikationswissenschaft.

Wir haben schon im 2. Kapitel an mehreren Stellen dargelegt, wie die Wissenschaft (oder doch zumindest die Mehrzahl der Forscher) heute den Menschen sieht und versteht. Die wichtigsten Punkte seien hier noch einmal kurz zusammengefaßt.

In der Anfangszeit betrachteten die Kommunikationsforscher den Menschen als ein passiv-rezeptives Wesen, das den Aussagen der Medien hilflos ausgeliefert ist. Die Aussagen (verstanden als „Reize“) treffen direkt und unmittelbar auf den Rezipienten, der darauf in ganz bestimmter Weise „reagiert“. Diese Reaktionen verstand man also als einfache und direkte Medienwirkungen. Es liegt auf der Hand, daß diese Vorstellung auf monokausalem Denken beruhte, das im übrigen gestützt wurde durch den damals weithin geltenden Ansatz der behavioristischen Lerntheorie, die von eben diesem Reiz-Reaktion-Schema ausging.

Den Ausweg aus dieser mechanistischen Enge wiesen zum einen die neuere psychologische Wahrnehmungslehre, zum anderen – eng damit verbunden – die Menschenbilder von Anthropologie, Phänomenologie und Soziologie.

Zunächst einige Worte zur Wahrnehmungspsychologie: Ausgangspunkt psychologischer Überlegungen und Untersuchungen ist heute die Auffassung, daß die Wahrnehmung weder eine isolierte psychische Einzelfunktion ist, noch daß sie als passives Aufnehmen und Registrieren von Außenweltreizen zu verstehen ist. Vielmehr ist Wahrnehmen auf das engste mit allen psychischen Teilbereichen verbunden und stellt eine Aktivität des Individuums dar, die in hohem Maße soziokulturell überformt ist. Drei Grundmomente sind hier vor allem zu nennen: Wahrnehmen vollzieht sich

– selektiv,
– sinn- und gestaltgebend,
– projektiv.

Dabei hängen diese drei Momente so eng miteinander zusammen, daß sie lediglich als verschiedene Aspekte *eines* Phänomens aufzufassen sind. Wahrnehmen geschieht fast immer selektiv. Der Mensch beachtet vor allem Objekte, die seinen Bedürfnissen, Attitüden und Werthaltungen entgegenkommen und die diese bereits vorhandenen Einstellungen bestätigen, stützen und stärken; ferner alles, was er wahrzunehmen gewohnt ist oder was er wahrzunehmen erwartet; und schließlich das, was ihm psychischen oder sozialen Lustgewinn verspricht. Diese selektive Tendenz in Richtung auf Übereinstimmung („kognitive Konsonanz") von Wahrnehmung und vorhandenen Einstellungen hat häufig zur Folge, daß der Mensch diejenigen Teile des Reizangebots, die ihn in seinen Ansichten, Wünschen oder Erwartungen stören könnten, entweder überhaupt ignoriert oder aber so fehlinterpretiert, daß eine Störung oder Bedrohung („kognitive Dissonanz") vermieden wird.

Wahrnehmen vollzieht sich gestalt- und sinngebend; es ist gekennzeichnet durch eine „Tendenz zur prägnanten Gestalt", das heißt durch eine Tendenz, die Außenwelt so wahrzunehmen, daß sie als sinnvoll, geschlossen, „rund" erlebt werden kann. Dieses Prinzip wirkt sich insbesondere dann aus, wenn die Wahrnehmungsgegenstände – sei es in den physikalischen

Reizen oder in der Sinn-Dimension – fremd, unklar, unstrukturiert oder nicht einzuordnen sind. Das gilt auch für die Aussagen der Medien, wobei freilich die Wahrnehmung durchaus nicht immer den Intentionen des Kommunikators gerecht wird.

Ein Vorgang, der sich vor allem bei unstrukturierten Wahrnehmungsreizen einstellt, ist die Projektion. Sobald das Wahrnehmungsmaterial unklar ist und damit verschiedene Gliederungs- oder Interpretationsmöglichkeiten zuläßt, setzt beim Rezipienten eine projektive Strukturierung dieses Materials ein. (Am Rande vermerkt: Die Psychologie geht davon aus, daß diese Projektion durch die Persönlichkeit des Individuums gesteuert wird; auf dieser Annahme beruhen die projektiven Tests, bei denen man aus den Projektionen Rückschlüsse auf die Persönlichkeit zieht).

Betrafen diese Überlegungen den psychischen Teilbereich „Wahrnehmung", so kamen Anthropologen, Phänomenologen und Soziologen zu ganz ähnlichen, entsprechenden Vorstellungen vom Menschen insgesamt und überhaupt. Die vielfältigen Ströme, die hier zusammenflossen, können wir nicht im einzelnen verfolgen. In der Kommunikationswissenschaft macht heute insbesondere der „Nutzenansatz" von sich reden, der von drei Grundkonzepten ausgeht (von denen wir hier nur auf die ersten beiden kurz eingehen): von der Lehre vom Nutzen durch Bedürfnisbefriedigung; von der These vom aktiven Rezipienten; und von der Theorie der symbolischen Interaktion.

Der Mensch als Rezipient sucht im Erleben von Medienaussagen die Befriedigung von Bedürfnissen. Diese Befriedigung bedeutet für ihn einen „Nutzen". Mediennutzung in Form von Auswahl und Zuwendung erfolgt also nach dem Prinzip des Nutzens, den sich der Rezipient davon verspricht. Deshalb „Nutzenansatz".

Unter diesem Blickwinkel ist der Mensch keineswegs lediglich ein passiver Empfänger von Medienaussagen; vielmehr greift er aktiv in den Prozeß der Massenkommunikation ein: er wählt aus, prüft, verwirft; und oft genug setzt er den Medieninhalten auch Widerstand entgegen. Dieses Konzept vom aktiven Rezipienten läßt die Ansicht von der Einseitigkeit der Massenkommunikation als revisionsbedürftig erscheinen. Zwar wäre es verfehlt, diese Vorstellung ganz aufzugeben, denn die technische Verbreitung von Medienaussagen ist nun einmal ein einseitiger Vorgang, aber dieses Konzept bedarf einiger Ergänzungen. Auf anderen Ebenen gibt es durchaus Wechselbeziehungen zwischen der Kommunikator- und der Rezipientenseite. Diese Gegenseitigkeit interpretierte man zunächst auf dem Boden der Kybernetik als Rückkopplung oder „Feedback". Daraus entwickelte sich dann unter dem Einfluß soziologischer und sozialpsychologischer Konzepte eine differenzierte Lehre von den Interaktionen. Seitdem bildet „Interaktion" einen Schlüsselbegriff aller theoretischen Ansätze in der Kommunikationswissenschaft.

Entscheidend ist bei alledem, daß wir heute den Menschen nicht mehr als passiv den Medien ausgeliefertes, schutzloses Wesen betrachten, das man beliebig beeinflussen kann, wenn man nur die Medien richtig anzusetzen weiß, sondern daß wir den Menschen in seiner ganzen psychischen und sozialen Fülle verstehen als aktiv in die Welt und das Geschehen eingreifend, auch in der zunächst einseitig verlaufenden Massenkommunikation. Wenn demgegenüber die Kulturkritik immer noch von einem simplen mechanistischen Menschenbild ausgeht, von der Vorstellung also, der Mensch reagiere schematisch nach dem Muster von Reiz und Reaktion, so müssen wir daraus wieder einmal schließen, daß diese Kritiker entweder die neue Sichtweise verschlafen haben oder sie übergehen, weil sie nicht in ihr von vornherein festgelegtes Weltbild paßt.

Neue Wege in der Kommunikationswissenschaft

Nun könnte der Eindruck entstanden sein, die Kommunikationswissenschaft habe mit ihrer heutigen Sichtweise ihre Grundsatzdiskussionen abgeschlossen und könne nun, mit dem Erreichten zufrieden, der empirischen Forschung ihren Lauf lassen. Demgegenüber ist zu betonen: In dieser Disziplin herrscht alles andere als satte Zufriedenheit.

Der Variablenansatz ist bislang das dominierende Denkmuster, das geltende Paradigma der Kommunikationswissenschaft. Innerhalb dieses Rahmens besteht die Forschung im wesentlichen darin, die unendliche Komplexität der Phänomene auf Faktoren oder Variablen und deren funktionale Beziehungen zueinander zu reduzieren. Die Kommunikationsforschung bestand und besteht weitgehend in dem Bestreben, immer neue Variablen zu „entdecken", ihren Stellenwert innerhalb eines Modells zu bestimmen und ihre Einflüsse auf den Kommunikationsprozeß und insbesondere auf die „Wirkungen" zu untersuchen. Dabei uferte jedoch im Laufe der Zeit die Zahl der Variablen derart aus, daß ein Gesamtüberblick kaum noch möglich ist. Auch die Zahl der Konzepte und Theorien, mit denen man das Ganze in den Griff zu bekommen suchte, nahm ständig zu.

Nun ist die „Wucherung von Versionen einer Theorie ein typisches Symptom einer Krise" (116). Und tatsächlich befindet sich die Kommunikationswissenschaft gegenwärtig in einer Krise. (Hier erscheint mir dieses gewichtige Wort angemessen.) Unverkennbar breitet sich ein tiefes Unbehagen am Variablenansatz aus. Dieses Unbehagen artikuliert sich in Zweifeln darüber, ob die theoretischen Grundlagen dieses Paradigmas wirklich haltbar, ob sie dem Forschungsgegenstand angemessen sind.

Die theoretischen Grundlagen lassen sich zusammenfassen mit Begriffen wie „Kritischer Rationalismus", „empirisch-analytisch", „quantitativ-reduktionistisch". Es gibt hier keine Bezeichnung, die von allen Forschern gleichermaßen akzeptiert würde. Die Vertreter dieses Paradigmas gehen von dem Grundsatz aus: Ziel der Wissenschaft ist es, zu eindeutigen und überprüfbaren Aussagen über den Untersuchungsgegenstand zu kommen. Nur Tatsachen zählen. Durch eine rigorose Selbstbeschränkung auf Ansätze und Methoden, die dem Erfassen von Tatsachen dienen, erlangen die empirischen Wissenschaften ein hohes Maß an Sicherheit, Gültigkeit, Verläßlichkeit.

Aber sie erreichen dies nur dadurch, daß sie sich von Metaphysik und Spekulation ebenso distanzieren wie von Intuition, Intention, Sinn und Dialektik. Auch dem Innenaspekt, dem Erleben, steht man mißtrauisch gegenüber.

Auf diese Weise kommen die „traditionellen" Sozialwissenschaften ihren Idealen – Objektivität, Eindeutigkeit, Quantifizierbarkeit – sehr nahe; ganz erreichen können sie diese Ideale im Humanbereich nie.

Eben dieser unbewältigte „Rest" ist es, der vielen Kommunikationswissenschaftlern zu schaffen macht. Manchem von ihnen erscheint gerade das, was man bislang auszuklammern versucht hat, als das Eigentliche. Und dieses Unbehagen, dieses Gefühl, man habe möglicherweise gerade beim weniger Wichtigen angesetzt und darüber das Wesentliche aus dem Blick verloren, führte in dieser Disziplin (wie übrigens auch in anderen Sozialwissenschaften) zur Suche nach neuen Wegen.

Zumindest als eine derartige Suche ist ein „dynamisch-transaktionaler Ansatz" zu verstehen, und zwar vor allem deshalb, weil er an einigen Stellen über die Grenzen des „positivistischen" Denkens in funktionalen Kausalitätsbeziehungen hinausgeht. Statt Interaktion wird hier Transaktion als ständige wechselseitige Gemeinsamkeit der Kommunikationspartner zum Grundprinzip erhoben, und damit rücken die Väter dieses Ansatzes ausdrücklich vom traditionellen Ursache-Wirkungs-Denken, vom Wenn-dann-Schema ab (117).

Ein sozio-ökologisches Konzept betont – wie der Name sagt – vor allem die Umweltkomponente im Prozeß der Massenkommunikation und insbesondere der Medienwirkungen, eine Komponente, die bisher nicht hinreichend beachtet wurde. Der Medienökologie geht es darum,

> „eine systematische (ganzheitliche) Betrachtungsweise auf das Verhältnis von Mensch und Umwelt anzuwenden, also eine solche, die das Denken in kausalen Abhängigkeiten relativiert, womöglich sogar überwindet" (Lüscher und Wehrspaun) (118).

Doch bleibt das Konzept trotz dieses Anspruchs weitgehend dem Variablenansatz verhaftet.

Einerseits in sich uneinheitlich, andererseits durch gemeinsame Intentionen gekennzeichnet, präsentiert sich eine Gruppe von Forschern, die Begriffe wie „Phänomenologie" und „Lebenswelt", „holistisch", „hermeneutisch", „interpretativ", „Sinn", „Bedeutung", „Verstehen" zur Grundlage ihres wissenschaftlichen Denkens machen. Hierher gehört insbesondere die Theorie von den symbolischen Interaktionen, der Nutzenansatz, die Transaktionslehre und verschiedene weitere Richtungen, so zum Beispiel Erving Goffman mit seiner „Rahmen-Analyse" (119), Klaus Krippendorf mit dem Plädoyer für eine „epistemologische" anstatt der „ontologischen" Sichtweise (120) oder auch der „Kontextualismus" (121). – Gemeinsam ist ihnen allen eine Frontstellung zum „Positivismus", ein Mißtrauen gegenüber analytischen und betont quantitativen Verfahren und rein kausalem Denken.

Zu erwähnen ist schließlich noch die Forderung, man solle die „traditionellen" und die „neuen" Ansätze zusammenbringen, sei es in inter- oder transdisziplinärer Zusammenarbeit oder sei es – weiterreichend – durch eine „Integration“ der divergierenden Anschauungen. Wie allerdings diese Integration konkret auszusehen hätte, bleibt zunächst noch dunkel (122).

Ob der eine oder andere „neue Weg“ eines Tages zu einem Paradigmenwechsel in der Kommunikationswissenschaft führt, ist heute noch nicht abzusehen. Die positivistisch-empirisch-analytisch-reduktionistische Orientierung, wie sie dem Variablenansatz zugrundeliegt, wird sicher noch eine gute Weile das Feld beherrschen.

5. Schlußbemerkung

Wir haben es immer wieder betont: In der vorliegenden Arbeit geht es weder um Verteidigen noch um Widerlegen. Absicht und Zweck war es lediglich, einige Thesen, die von Kulturkritikern gleichsam als feststehende, bewiesene Tatsachen verkündet werden, auf ihre Haltbarkeit zu prüfen. Unsere Überlegungen gründen auf der Überzeugung, daß Schwarz oder Weiß nur selten realistische Positionen darstellen. Nur mit differenziertem Denken lassen sich die Phänomene halbwegs angemessen verstehen.

Wer von vornherein auf Schwarz-Weiß festgelegt ist, wird sich von unseren Argumenten wenig beeindrucken lassen, ja er wird sie vermutlich gar nicht erst zur Kenntnis nehmen. Doch es gibt sicher auch jene, die am Fernsehen und seinen Auswirkungen interessiert sind und sich mit den Behauptungen der großen Propheten nicht ohne weiteres zufrieden geben wollen. Wenn ihnen unsere Überlegungen Stoff zum Nachdenken und zum Überprüfen von dogmatisch verkündeten Thesen bieten, ist das Ziel dieses Büchleins erreicht.

Anmerkungen

Hinweis: Nachdem das Manuskript der vorliegenden Arbeit abgeschlossen war, erschien ein Buch, das in seiner Position der hier vertretenen nahesteht, vor allem, weil der Verfasser ebenfalls versucht, zu differenzieren und gegen Pauschalbehauptungen über die Wirkungen des Fernsehens anzugehen. Es handelt sich um Peter Winterhoff-Spurk: Fernsehen. Psychologische Befunde zur Medienwirkung. Bern: Hubert 1986.

1) Marie Winn: Die Droge im Wohnzimmer. Reinbeck: Rowohlt 1979. – Jerry Mander: Schafft das Fernsehen ab. Reinbeck: Rowohlt 1979. – Neil Postman: Wir amüsieren uns zu Tode. Frankfurt a.M.: Fischer 1985.
2) Neil Postman: a.a.O., S. 190. (Im folgenden der Einfachheit halber kurz „Postman").
3) Neil Postmann: Wir amüsieren uns zu Tode. Studienzentrum Weikersheim (Hrsg.): Die Medien – das letzte Tabu der offenen Gesellschaft. Mainz: von Hase und Koehler 1986, S. 20. (Im folgenden bezeichnet als „Postman 1986").
4) Postman, S. 168.
5) Postman, S. 68.
6) Postman, S. 82.
7) Postman, S. 75.
8) Klaus Brepohl: Telematik. Bergisch Gladbach: Lübke 1983, S. 239.
9) Angela Fritz: Kulturtechnik Lesen. Bertelsmann Briefe, Nr. 119 (März 1986), S. 29.
10) Klaus Brepohl: a.a.O., S. 260.
11) Postman, S. 89.
12) Postman, S. 93.
13) Postman, S. 18.
14) Postman, S. 139.
15) Uwe Opolka: Books in our future – Bücher in unserer Zukunft. Bertelsmann Briefe, Heft 119 (März 1986), S. 22.
16) Uwe Opolka: a.a.O., S. 23.
17) Elisabeth Noelle-Neumann: Pressefreiheit und blockierte Kommunikation. Studienzentrum Weikersheim (Hrsg.): Die Medien – das letzte Tabu der offenen Gesellschaft. Mainz: von Hase und Koehler 1986, S. 28.
18) Uwe Opolka: a.a.O., S. 23.
19) Fernseh-Informationen Nr. 18, September 1986, S. 552.

20) Postman, S. 36.
21) Jerry Mander: a.a.O., S. 23.
22) Uwe Opolka: a.a.O., S. 22.
23) Umberto Eco: Massenkultur und „Kultur-Niveaus". FAZ, 18.10. 1984.
24) Jörg Becker: Informations- und Kommunikationstechnologien und transnationale Kultur. Universität Bremen: Informatik. Report No. 1/86, S. 74.
25) Michael Kunczik: Massenmedien und Entwicklungsländer. Köln: Böhlau 1985, S. 174.
26) Meheroo Jussawalla: Media threat to cultural identity: myth or reality? The Third Channel II, 1 (1986), S. 381. (Übersetzung G. Maletzke).
27) Michael Tracey: The poisoned chalice. Deadulus, Fall 1985, S. 40. (Übersetzung G. Maletzke).
28) Meheroo Jussawalla: a.a.O., S. 387. (Übersetzung G. Maletzke).
29) Choe Chungho: Traditional culture and television in Korea. The Third Channel II, 1 (1986), S. 405. (Übersetzung G. Maletzke).
30) Michael Tracey: a.a.O., S. 36 (Übersetzung G. Maletzke).
31) Postman, S. 102.
32) Postman, S. 114 f.
33) Karl H. Müller-Sachse: Medienkritik als Unterhaltung. medium 1/86, S. 48.
34) Postman, S. 102.
35) Postman, S. 7 f.
36) Postman, S. 42 f.
37) Postman 1986, S. 19.
38) Postman, S. 75.
39) Postman, S. 74.
40) Postman, S. 62 f.
41) Postman, S. 65.
42) Postman, S. 16.
43) Postman 1986, S. 20.
44) Heinrich Oberreuter: Der Einfluß der Medien auf die politische Kultur. Studienzentrum Weikersheim. Tagung „Die Medien – das letzte Tabu der offenen Gesellschaft", 7.–8.6.1986. Kurzfassung des Referates, S. 2.
45) Elisabeth Noelle-Neumann: a.a.O., S. 27.
46) Umberto Eco: a.a.O.
47) Postman, S. 130.
48) Postman, S. 133.
49) Gerhard Naeher: Fernsehnachrichten sollen informativ und unter-

haltsam sein. Die Zeitung 2/1986, S. 4.

50) Postman, S. 85.

51) Postman, S. 99.

52) Postman, S. 85.

53) Postman, S. 133.

54) Peter Sloterdijk: Kritik der zynischen Vernunft. Frankfurt a.M.: Suhrkamp 1983. 2. Band, S. 563f.

55) Postman, S. 87.

56) A. van Rinsum: Literarische Gattungen. In: Hermann Stadler und Karl Dickopf (Hrsg.): Literatur. Frankfurt a.M.: Fischer Taschenbuch 1985, S. 164.

57) Peter Atteslander: Mehr oder weniger Demokratie. Die Zeit, 20.12. 1985, S. 42.

58) Bischof Moser. Süddeutsche Zeitung, 8.6.1979.

59) Jerry Mander: a.a.O., S. 23.

60) Postman, S. 88f.

61) Jay G. Blumler: Integrationsfunktion und Rundfunkordnung. Media Perspektiven 3/80, S. 156.

62) Anthony Downs: An economic theory of democracy. New York: Harper and Row 1957. Zit. nach Jay G. Blumler: a.a.O., S. 156.

63) Ausführlicher zu diesem Thema: Gerhard Maletzke: Bild und Wirklichkeit. Zentralstelle Medien der Deutschen Bischofskonferenz und Katholische Akademie Stuttgart: Ethik und Kommunikation, S. 65–86; auch abgedruckt in: Gerhard Maletzke: Bausteine zur Kommunikationswissenschaft. Berlin: Spiess 1984, S. 154–168.

64) Jerry Mander: a.a.O., S. 28f.

65) Jerry Mander: a.a.O., S. 57.

66) Jerry Mander: a.a.O., S. 107.

67) Ausführlicher behandelt in: Gerhard Maletzke: Passivität durch Fernsehen? Rundfunk und Fernsehen 10:1 (1962), S. 1–17, auch abgedruckt in: Gerhard Maletzke: Bausteine zur Kommunikationswissenschaft: Berlin: Spiess 1984, S. 39–56.

68) Jerry Mander: a.a.O., S. 301.

69) Altbischof D. Wölber: Bemerkungen zu einer Technologie der Medien. Man. eines Vortrages: Studienzentrum Weikersheim, 8.6, 1986, S. 1.

70) Elisabeth Lang: Kind, Familie und Fernsehen. Freiburg: Herder (o.J.), S. 137.

71) Elisabeth Lang: a.a.O., S. 139.

72) Brigitte Hipfl: Aggressiv durch Fernsehen? Sehen–Hören–Bilden 134 (Februar 1985), S. 128.

73) Peter Gerlach: Gewalt im Fernsehen. TV-Courier 26. Jahrgang, Nr.

8, 7.4.1986, S. 9.

74) Peter Gerlach: a.a.O., S. 8.

75) Imme de Haen: Gewalt im Fernsehen. Film, Bild, Ton. Fachstelle für Medienarbeit Diözese Rottenburg–Stuttgart 1981, S. 84.

76) Formulierungen z.T. nach Brigitte Hipfl: a.a.O., S. 129ff.

77) Brigitte Hipfl: a.a.O., S. 157.

78) Peter Gerlach: a.a.O., S. 7.

79) Brigitte Hipfl: a.a.O., S. 131.

80) Imme de Haen: a.a.O., S. 102.

81) Michael Kunczik: Gewalt im Fernsehen. Köln: Böhlau 1975, S. 696.

82) Kurt Koszyk: Massenmedien und jugendliche Delinquenz. Publizistik 16:2 (1971), S. 142.

83) Marie Winn: a.a.O., S. 21.

84) Marie Winn: a.a.O., S. 165.

85) Elisabeth Noelle-Neumann: Auswirkungen des Kabelfernsehens. Berlin–Offenbach: VDE Verlag 1985, S. 199ff.

86) Klaus Eurich: Das verkabelte Leben. Reinbek: Rowohl 1979, S. 11.

87) Klaus Eurich: a.a.O., S. 29.

88) Postman, S. 116.

89) Klaus Eurich: a.a.O., S. 27.

90) Peter Atteslander: a.a.O.

91) Marie Winn: a.a.O., S. 69.

92) Marie Winn: a.a.O., S. 96.

93) Marie Winn: a.a.O., S. 69.

94) Marie Winn: a.a.O., S. 143.

95) Fred Emery und Merrelyn Emery: A choice of futures. Canberra 1975; zit. nach Jerry Mander: a.a.O., S. 198.

96) Klaus Eurich: a.a.O., S. 198.

97) Klaus Eurich: a.a.O., S. 14.

98) Peter Atteslander: a.a.O.

99) Klaus Eurich: a.a.O., S. 102.

100) Jerry Mander: a.a.O., S. 159.

101) Marie Winn: a.a.O., S. 30.

102) Elisabeth Noelle-Neumann: Pressefreiheit und blockierte Kommunikation, a.a.O., S. 28.

103) Postman 1986, S. 21.

104) Stefan Zweig: Die Welt von gestern. Frankfurt a.M.: Fischer Taschenbuch 1970, S. 45.

105) Hierzu insbesondere Neil Postman: Das Verschwinden der Kindheit. Frankfurt a.M.: Fischer 1983.

106) Marie Winn: a.a.O., S. 115.

107) Postman 1986, S. 21.

108) Elisabeth Noelle-Neumann: Pressefreiheit und blockierte Kommunikation, a.a.O., S. 27.

109) Postman, S. 14.

110) Gordon W. Allport: Die Natur des Vorurteils. Köln: Kiepenheuer & Witsch 1941, S. 184.

111) a.a.O., S. 179.

112) Peter Atteslander: a.a.O.

113) Gordon W. Allport: a.a.O., S. 185.

114) Gordon W. Allport: a.a.O., S. 251.

115) Hierzu u.a. Gerhard Maletzke: Medienwirkungsforschung. Tübingen: Niemeyer 1981, S. 18ff.

116) Thomas S. Kuhn: Die Struktur wissenschaftlicher Revolutionen. Frankfurt a.M.: Suhrkamp 1973, S. 83.

117) Klaus Schönbach und Werner Früh: Der dynamisch-transaktionale Ansatz II. Rundfunk und Fernsehen 32:3 (1984), S. 314–329.

118) Kurt Lüscher und Michael Wehrspaun: Medienökologie. Zeitschrift für Sozialisationsforschung und Erziehungssoziologie 1985/2.

119) Erving Goffman: Rahmen-Analyse. Frankfurt a.M.: Suhrkamp 1977.

120) Klaus Krippendorf: An epistemological foundation for communication. Journal of Communication 34:3 (1984), S. 21–36.

121) Marianthi Georgoudi und Ralph L. Rosnow: The emergence of contextualism. Journal of Communication 35:1 (1985), S. 76–88.

122) Einige Hinweise gibt Werner J. Patzelt: Sozialwissenschaftliche Forschungslogik. München/Wien: Oldenbourg 1986.